El Nahual

Falsa crónica de la fundación de Balumkanan

El Nahual

Falsa crónica de la fundación de Balumkanan

Luis Armando Armendáriz Ruiz

 AQUA EDICIONES

Título de la obra: El Nahual

Segunda edición, noviembre de 2014
Cuidado editorial y del diseño del libro: Berta Álvarez
Formación tipográfica: Liliana Moreno Palma
Diseño de portada: Maximiliano Hernández
Comercialización y ventas: Mariel Colmenares Álvarez
www.aquaediciones.com

Ficha bibliográfica:
Armendáriz Ruiz, Luis Armando
El Nahual
160 pág. de 16 x 22 cm
ISBN: 978-607-9316-18-1
Aqua Ediciones, S.A. de C.V.

Registro público 03-2008-041512414000-01
Impreso y hecho en México
Printed and made in Mexico

Nota explicativa del editor sobre la escritura de los nombres

Como se sabe, la escritura maya, que no es meramente ideo-gramática, no permite traducir los sonidos de su idioma a la fonética propia del español, de tal suerte que los fonemas utilizados de un idioma a otro serán siempre aproximados. En la novela se trata de conservar la fonética, generalmente aceptada, de la forma "española" de escuchar los sonidos de las palabras mayas, aceptando de antemano las variaciones que estas han sufrido tanto por la razón indicada como por la evolución natural del idioma.

El habla maya, en sus diferentes variantes regionales, representa una dificultad y un atractivo a la vez para el escritorlector. El autor ha tenido presente a ambos, procurando expresar una idea o el significado de un nombre de la manera más aproximada posible al concepto y a la forma como escuchaba ambos en las comunidades indígenas en las que le tocó vivir. Para referirse al nombre del pueblo maya que antecedió a Comitán, Rosario Castellanos, en su novela del mismo nombre, lo escribe "Balún Canán", seguramente la forma más conocida en español.

El autor pretende hacer una distinción entre la forma actual del nombre y la que pudo ser la fonética en el Clásico maya. En este último caso lo escribe "Balum(kac)nan", que parece más cercano al sonido original de la "c" y de la "k" en comunidades de origen maya actual, como por ejemplo: "mus(kac)" (luciérnaga) y no "muscac". Se pretende también hacer notar la diferencia, por ejemplo, cuando Hun Chavín, el héroe, se refiere a su ciudad y se escribe "Balumkacnan"; cuando otro cualquiera, también en la novela, se refiere al nombre españolizado del pueblo maya, se utiliza "Balumkanan" para dar a la novela mayor realismo. "Hun" significa 'uno', 'el primero', 'el verdadero'; "Chavín" es el nombre de un dios. Mario Humberto Ruz se refiere al pueblo tojolabal, mayas actuales que habitan el valle de Comitán y Las Margaritas, como "los primeros hombres" (ver Centro de Estudios Mayas, Instituto de Investigaciones Filológicas, UNAM, México, 1981). En la novela se escribe "Hun Chavín" cuando se hace referencia al héroe y se escribe "Junchavín" cuando se hace referencia al cerro donde se encuentran las ruinas de la ciudad maya clásica. El significado usual del nombre del pueblo es 'nueve estrellas' aunque hay quien prefiere el de 'nueve luceros'; en la novela se utilizan ambos. El nombre verdadero de Francisco Vendaño Trujío era Francisco Maldonado. Su nombre "Francisco" no cambia, lo que cambia son sus dos apellidos: "Vendaño" y "Trujío", que son apócopes de Avendaño y Trujillo, respectivamente; ambos se refieren a una araña. A una araña cualquiera el primero, y a la araña chiwoj el segundo; se tratan de localismos. Por otro lado, más generalizadas están las formas familiares de "Pancho" y "Chico" (una fruta) a quienes se llaman "Francisco". De ahí el dicho de: "Chicos son los zapotes, panchos son los monos, Francisco Vendaño Trujío me llamo yo".

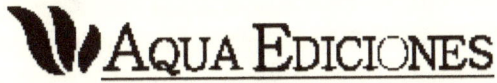

AQUA EDICIONES

Prólogo a la segunda edición

La Primera Edición de **El Nahual Crónica de la Fundación de Balumkanan** se terminó de editar en noviembre de 2008, en los talleres de Editorial Entre Tejas, en la ciudad de Comitán Chiapas, con un tiraje de mil ejemplares. Tuvo un carácter localista y se agotó tanto en el ámbito regional como en el nacional.

En esta segunda edición, editada por Aqua Ediciones, se mejoran sus características editoriales, y para no abandonar su carácter local, se amplía con ilustraciones que ayuden al lector a tener una mejor idea de los personajes y del ámbito en que se desarrollan los hechos que se relatan.

Para guiar al lector, se reproducen los comentarios que su lectura ha merecido a reconocidos autores, como lo son, el poeta Roberto López Moreno, y el maestro y escritor, Oscar Bonifaz, quienes se refieren a ella en los siguientes términos:

Poeta Roberto López Moreno:

"Regresar los pasos es como realizar un acto de magia; volverse a encontrar con los rostros que nos antecedieron, con la geometría de aquellas calles, como la vieron y transitaron nuestros abuelos, volver a darle forma, acto supremo, a los antiguos perfiles del tiempo.

Luis Armando Armendáriz Ruiz nos pone en las manos un legajo palpitante, lleno de todos estos antecedentes. Lo abrimos y empezamos a reconstruir el tiempo desde nuestra propia imaginación, desde nuestro propio estremecimiento.

Ahí frente a nuestros ojos están los seres que ya no conocimos, los que fueron, los que compartieron nuestro espacio sur antes que nosotros, los que lo habitaron con sus pasiones, sus anhelos, sus frustraciones, sus alegrías; ahí están actuando nuevamente para nosotros en el gran teatro de la vida".

Por su parte, el escritor y maestro Oscar Bonifaz, escribió refiriéndose a la novela:

"La verdadera magia de este libro consiste en que –además de ser muy ameno- nos regresa al Comitán de antes y que desgraciadamente ha perdido mucho de su encanto, provinciano.

Me encantó rememorar al ambiente exacto de las viejas casonas comitecas con sus lejanos personajes de mediados del siglo pasado, dibujados con la fascinación de un pincel ahora en los recuerdos que tan nítidamente nos pinta Luis Armando.

El relato ha hecho vibrar hasta mis raíces más escondidas.

Lo invitamos a que disfrute la lectura de la segunda edición de este mágico texto.

José Manuel Colmenares Grunberger
Editor

No buscaré la verdad, ya que es inalcanzable, solo relataré lo que fue una experiencia de vida.

Las historias que aquí cuento no son rigurosamente ciertas, en ellas únicamente intento relatar lo ocurrido en el espacio-tiempo de una ¿primera...? vida.

Luis Armando Armendáriz Ruiz

La maraña

Para conocernos, para conocer nuestra historia, solo contamos con piedras, con libros y... con mucha imaginación.

Recordar es el único placer de quienes padecemos insomnio, y los viejos lo disfrutamos casi noche a noche. Así que, ya sea en México, donde ahora resido, o aquí en mi cabaña de Valle de Bravo, es común que trate de ordenar mis recuerdos de personas y hechos ocurridos durante mi primera infancia.

Una noche cualquiera, al igual que otras tantas, intenté recordar sucesos de mi infancia. Ello no parecía ofrecer cosa alguna en la que pudiera ayudar para la cura de mi falta de sueño.

El asunto, a decir verdad, ha comenzado a parecerme obsesivo. Tratar de recordar es algo parecido a desenmarañar una madeja: es encontrar la punta de un hilo en una maraña o desenredar una telaraña. Cada vez me cuesta más trabajo precisar los hechos ocurridos en aquellos días, incluidos los que se refieren a las personas más cercanas a mí. Esto lo atribuyo a la lejanía en tiempo y distancia. Lo cierto es que hechos y personas acuden imprecisos y borrosos a mi memoria y no alcanzo a otorgar la importancia necesaria a alguno de ellos para principiar mi historia.

Todo se aclararía, me digo, si logro encontrar la punta del hilo en esta maraña y saber por dónde comenzar. ¿Cómo recuperar el recuerdo de lo ocurrido en lo cotidiano de la vida en casa de mis padres? ¿Qué hacer para lograr que aparezcan con nitidez en mi memoria los rostros de mis abuelos? ¿Cómo reencontrarme con la conciencia de quienes fueron nuestros antepasados?

El problema va más allá, a otro asunto que me inquieta de manera particular: es el no saber a ciencia cierta el origen del nombre de Comitán, ni quiénes fueron sus primeros pobladores. Me resulta irritante y me fastidia que tan solo recuerde trozos de su pasado reciente y, de la época anterior a la Conquista, solamente fragmentos rescatados de un opúsculo escrito por mi maestro, don Jaime Rodas Rovelo.

A mitad de aquella noche decidí que tenía que hacer algo al respecto. Rescataría, con base en algunos datos tomados prestados de la cultura maya clásica, mi visión de cómo "pudo haber sido" la fundación de Balumkanan (nombre original de Comitán, mi pueblo), mejor dicho, de sus tres fundaciones y, de ser posible, rescatar del olvido algunas de las costumbres de la sociedad en esas tres diferentes épocas. Lo haría, me dije, para mantener ocupadas las horas largas de mis días viejos, para explorar en un ejercicio retrospectivo el camino que se extiende hasta los inicios de mi vida y, más allá, para rescatar el momento de la fundación de Balumkanan.

¿Más allá? Me surgió la duda. ¿Sería posible recordar quién he sido antes de mí? ¿Conocer mi historia en la historia de mi pueblo? Deseché de inmediato la idea por inoportuna. En cambio, comencé a explorar en mi recuerdo cómo era Comitán en aquellos que fueron los primeros años de mi vida; a buscar cuál había sido la imagen de mi pueblo y de su gente en ese entonces. Lo hacía para poder explicarme como persona y como integrante de la sociedad de Comitán en los años posteriores a 1943. Empecé a escribir.

Por aquellos días, lo que es hoy la ciudad de Comitán, era un pueblo de no más de diez mil habitantes. Se dividía en barrios y sus calles estaban bien trazadas formando cuadrículas más o menos regulares de manzanas de diez mil metros cuadrados (100 metros por cuadra) en las que se asentaban cuatro o, a lo más, seis casas. Lo que daba una superficie, en el primer caso, de 2500 m² por cada casa, sobre todo en el centro. El modelo se hacía menos regular y las casas más pequeñas a medida que se construían hacia las afueras de la ciudad.

Si bien las calles numeradas de Comitán no llevan nombres de próceres, sus jardines y parques lucen estatuas que recuerdan a nuestros héroes.

Los barrios se congregaban alrededor de la iglesia de un santo patrono a partir del templo mayor consagrado a santo Domingo de Guzmán y se distribuían por los cuatro puntos cardinales según los santos de su advocación. Santa Teresita y la Cruz Grande por el rumbo del Camino Real hacia San Cristóbal, Tuxtla o, más allá, hasta la capital del país, considerada como un lugar lejano y poco menos que inaccesible y, para muchos de nosotros, casi mítica, donde vivían algunos parientes que habían logrado destacar.

A partir del templo de santo Domingo los barrios se distribuían: al poniente, el del Calvario al final de una cuesta y el de

Guadalupe; por el lado opuesto, hundiéndose en las inmediaciones de la ciénaga, pero en realidad erigido sobre el inicio de una colina, el barrio de san Caralampio; al sur del templo mayor dos barrios más: el de Jesusito y el de san José; más lejano por el mismo rumbo, presidido por un pequeño y hermoso jardín, san Sebastián con su ocasional patio de toros con gradas de tabla a las que se agregaba su aficionado principal, el sufrido chulul; más al sur aún, rumbo a los caminos que antaño llevaran a la otra capital, la de Guatemala, el barrio de la Virgen del Rosario más conocido como Yacchibol. Este, el más lejano de los siete barrios, gozaba de dos privilegios: ahí se corrían los caballos más ligeros de la región en carreras "parejeras" y en sus cercanías, a propósito de una linda fuente, se construyó un balneario al que se le bautizó con el nombre de la ninfa Castalia; aunque al constructor criollo se le olvidó esculpir a su alrededor a las nueve musas que fueran fuente de inspiración de tantos y tantos artistas.

Cuando intento recordar algo de mi pasado en Comitán, la imagen que se forma dentro de mí siempre refleja el caserío que albergaba aquella sociedad de mis años niños. Comitán se asienta, como dije, en una colina que sirve de base al cerro Junchavín, el cual mojaba sus faldas en un lago cenagoso hoy desaparecido.

Las casas de mi pueblo estaban construidas con paredes de adobe español o de bajareque indígena. Se adornaban al exterior con balcones en los que, en la mayoría de los casos, se había sustituido la parte superior de la herrería; la parte inferior se conservaba adornada con hierro forjado con formas más o menos artísticas. Sus ventanas altas y angostas, protegían de las miradas indiscretas únicamente con visillos de tela; por las noches se cerraban con contrapuertas plegables.

Los techos de sus casas eran de dos aguas y de tejas rojas, unidos por sus cuatro vértices y caídas al interior que formaban una amplia cuadrícula central. Se encontraban limitadas por los altos muros que daban a la calle y solo se abrían a balcones protegidos con barrotes de hierro forjado. El acceso al interior se permitía por una sola puerta al frente que daba paso, cotidianamente, a los señores de la casa o a sus visitantes; ocasionalmente se abrían sus tres hojas a jinetes y bestias de carga.

A partir de la puerta de calle, un zaguán conectaba al patio trasero que llegaba hasta las caballerizas donde limitaba la propiedad con uno o dos vecinos, dependiendo de su ubicación dentro de la cuadrícula de la manzana.

Al centro de la casa era común encontrar un jardín circundado por amplios corredores con arcadas de medio punto sostenidas por pilares de madera asentados en bases de piedra labrada. Al pie de ellos se plantaban en macetones de barro helechos cola de quetzal, enredaderas, jazmines, velo de novia o algunas otras plantas de ornato. En algunas casas también colgaban del centro de los arcos cestas de alambre que sostenían bulbos de orquídeas.

Entre los muros que daban a la calle y los que lo hacían a los corredores estaban las habitaciones familiares amplias y frescas. La mayoría tenía pisos de ladrillo, aunque algunas lucían brillante duela. Tomaban luz del exterior a través de las ventanas externas antes descritas y también lo hacían al interior con vista a corredores y al jardín central; las habitaciones se comunicaban entre sí.

Es posible que esta forma arquitectónica fuera diseñada en España para servir de sostén a los valores y virtudes que sustenta la religión católica. Era usual cuando la Conquista y en México se implantó al mismo tiempo que avanzó la cristianización y se consolidó durante la Colonia. La costumbre hizo que los valores que representaba pasaran a ser lugar común y así permanecieran a pesar de todos los cataclismos sociales a los que estuvo sujeto nuestro país durante el siglo XIX y aún hasta los principios convulsivos del siglo XX, pero para los años de mi infancia, su simbolismo había dejado de tener cabal vigencia y relevancia.

Como se dijo, es posible que la arquitectura descrita estuviera encaminada a preservar los valores de la sociedad católica, lo que se advierte mejor si se hace un símil entre la manera en que se suponía estaba dispuesto el interior del ser humano y la estructura interior de las casas.

En el centro de las casas, en el jardín, se colocaba por lo general una fuente de agua viva a la que se llegaba a través de tres corredores. En el centro de todo hombre, Dios habría implantado el alma, que se enaltecía con la práctica de tres virtudes llamadas teologales: fe, esperanza y caridad, que servían de base a la familia católica y eran consideradas como "vías para lograr la salvación y gozar del cielo en la vida eterna".

El jardín estaba formado por tres arriates, orgullo de la señora de la casa, pero cultivados con diversas flores por todos los hijos. Estaban, como se dijo, separados por los tres corredores:

las virtudes del alma se cultivaban a través de los caminos de la fe, la esperanza y la caridad.

La fuente y el jardín al centro de la casa irradiaban paz y quietud al interior de las habitaciones. Se protegían del exterior por altos y sólidos muros, igual en el centro, el espíritu humano se protegía mediante las tres virtudes teologales y ambos eran cimiento del hogar.

Alrededor del jardín estaban los corredores, espacios en los que se podía transitar por la casa de forma segura, apacible y agradable. Representaban la religión, camino seguro con que se protegían el alma. El cuerpo, las habitaciones, lindaban al interior con los corredores, el jardín y la fuente.

Solo entra el pecado al alma por decisión expresa del hombre y el alma solo puede enaltecerse o dañarse por voluntad de su dueño. Los muros de la fe protegían a la familia y el cuerpo es la envoltura del alma. Hacia afuera, los altos muros de las casas protegían a sus miembros del mundo ajeno y peligroso de la calle y solo permitían el paso por la puerta principal a aquellos que por decisión del dueño podían ingresar.

La arquitectura diseñaba, de esa manera, un jardín interior en el que se hacía converger lo mejor para lograr consolidar la convivencia y armonía de la familia católica. Concebida para propiciar una intensa vida intrafamiliar, además, cada uno de los miembros resultaba protegido por la autoridad paterna respaldada por la estructura religiosa.

El poder dentro de la familia seguía un modelo similar al arquitectónico-religioso. La idea de jerarquía y orden estaba representada en el núcleo central por la figura paterna que asumía la autoridad indiscutible, a la que le seguían la madre, los hijos por edades y las hijas en una suerte de círculos concéntricos.

En este esquema, los niños, pero sobre todo las niñas, gravitaban en el círculo más amplio, lejos del poder central. La salud y educación primaria de ambos sexos estaban bajo la vigilancia y el cuidado casi exclusivo de la madre, quien, tras de enseñarles a leer y escribir, a menudo encomendaba su educación a profesores que asistían a la casa a dar diversas clases: matemáticas, gramática e historia patria a ellos, y moral, religión, música, costura, bordados y economía doméstica a las señoritas.

El sistema de orden que he venido mencionando admitía dos excepciones en su estructura y organización. Al fondo de la casa se encontraba el cuarto de aperos, cercano a donde se encontraban las trojes, y era habilitado como habitación ocasional cuando llegaban los arrieros encargados de traer los productos del rancho. Este tenía salida al patio de caballerizas, donde también se encontraba la letrina y el "común" para uso general de la servidumbre. Esta construcción, aunque conectada con la casa, no participaba del orden concéntrico general, pero sí del mando unitario del paterfamilias; el resto de la servidumbre, en cambio, estaba a cargo de la señora.

Me queda claro que la arquitectura descrita, proyectada al interior de sí misma, propiciaba una vida familiar muy íntima, tal y como fue la de los primeros años de mi vida, y ayudó en mucho a establecer límites claros y precisos entre el mundo interno de mi hogar y el mundo externo.

En resumen, a este esquema de arquitectura y organización patriarcal, que recordaba la estructura y la organización jerárquica de la Iglesia, se ajustaban la generalidad de los hogares y casas del centro de Comitán.

La vida en sociedad se daba en el interior de las casas, en la escuela y en las iglesias, tanto o más que en las plazas públicas.

Durante las festividades religiosas se montaban ferias con toda la parafernalia que les es propia y se celebraban misas solemnes durante todo el novenario que antecedía al día de la celebración del aniversario del santo.

Las celebraciones civiles solían comenzar y culminar con bailes en amplios salones ex profeso. El cine, los billares-cantinas y cafés eran tanto o más frecuentados que la iglesia.

En lo cotidiano de la vida social se acostumbraban visitas frecuentes y tertulias entre familiares y amigos. El señor y la señora de la casa recibían a sus convidados en la sala a la luz de candiles o de bombillas eléctricas. La dueña de casa ofrecía de beber comiteco a los señores y mistela, el mismo aguardiente apenas suavizado con el dulce de algunas frutas, a las señoras. En las conversaciones se comentaban, además de los asuntos domésticos recientes, los acontecimientos nacionales e internacionales escuchados por la radio o leídos en los periódicos que semanalmente llegaban vía el correo.

Por las noches, mientras que los dueños de casa escuchaban la radio, los niños pequeños, frecuentemente al cuidado de una "nana", jugábamos a las escondidas, a las barajas o al "ilustrativo" juego de la oca, mejor conocido como "serpientes y escaleras" hasta las ocho o nueve de la noche.

En las celebraciones navideñas se acostumbraban la tradicionales "posadas" e, igual que en la celebración de algún cumpleaños, llegaban a casa amigos y parientes acompañados de niños y niñas, y en tanto aquellos conversaban, los niños jugábamos a esconde cincho, obliga, encantados, policías y ladrones, mono seco, hoyito-pelota y tejón, entre otros. El juego favorito era la piñata que compartíamos niñas y niños.

En contraste, la vida social de la servidumbre se limitaba a asistir a misa los domingos o en días festivos y, a últimas fechas, a dar vueltas al parque central.

Por las noches, los criados de casa se sentaban en banquillos o se acurrucaban sobre sus piernas alrededor del fogón de la cocina para desgranar el maíz que serviría para el nixtamal del día siguiente, alumbrándose con la luz rojiza de la leña o la amarillenta de bombillas renegridas por el humo.

Reunidos al amparo del calor de la leña, aprovechaban el momento para platicar cuentos y consejas y en sus conversaciones eran frecuentes los temas rurales sobre crecidas de ríos, hazañas de jinetes y carretas, raptos de doncellas, pleitos de borrachos y muertes por amoríos infieles.

También se hablaba de brujería y encantamientos, consejas en las que la personificación del mal tomaba distintas formas. Salían a relucir personajes como la Llorona, el Duende, el Cadejo o el Sombrerón.

El tema del Nahual era tabú y provocaba miedo tan solo mencionarlo. Se trata de la creencia en un espíritu común a una persona y a un determinado animal, por lo que es especial y propio de cada individuo. El ser de uno y del otro estaban unidos en la vida y en la muerte, aun más allá, en el inframundo indígena o en el purgatorio cristiano.

Esos eran los grandes rasgos de la sociedad urbana que albergaba Comitán en sus hogares, calles y plazas.

Muy pocas de estas características se conservan en la actualidad. La destrucción de sus casas señoriales para convertirlas en establecimientos comerciales va a la par con la pérdida de los elementos que le daban sustento. El parque, la iglesia, las reuniones, las fiestas ya no son los mismos. Hasta la manera de hablar y entender el español, con su multitud de neologismos con base en el tzeltal-tojolabal que integraban nuestro "idioma", se van perdiendo, porque el fenómeno obedece a variaciones en la forma de entender la vida, como sucede con la actual sociedad comiteca.

Aunque, como antes se dijo, para los años de mi niñez el esquema descrito ya vivía sus últimos tiempos y el modelo se hallaba severamente desgastado. Exponerlo de esta suerte puede resultar útil para tener una idea de la forma de vida de la sociedad de antaño, con las limitaciones del caso.

Aquella noche, con esta última reflexión, puse punto final a los recuerdos de mi niñez.

La mañana había despuntado en las lagunas de Valle de Bravo, el sol penetraba luminoso por la ventana de enfrente inundando de luz la habitación; no quedaba un solo rincón en sombra o penumbra. Aunque había pasado la noche en vela, parecía que despertaba de un largo sueño en el que me había transportado, muy lejos, a los primeros años de mi infancia.

Estaba en mi cabaña en Valle y aunque mi insomnio no se había curado en lo absoluto, el recuerdo de mis días primeros había aclarado aceptablemente los inicios de mi vida. La maraña había encontrado al fin un hito en mi historia, un punto de partida para el relato de mis recuerdos.

Pero no podía engañarme, el mal no había sido vencido y para las noches siguientes me aguardaba una tarea superior si aún quería averiguar quiénes habían sido nuestros antepasados; tendría que responder a la otra pregunta:

¿Quiénes fueron los humanos que poblaron lo que hoy es Comitán a quienes solo puedo presentir como las sombras de "ellos" que, aunque borrosos, aún gravitan en mi conciencia?

La tarea implica seguir dando respuesta a preguntas como estas: ¿cómo había nacido Balumkanan? ¿Cuáles habían sido sus comienzos precortesianos?

Pero el sol había transpuesto la montaña y ante mí se abría esplendoroso un nuevo día, todo un día nuevo para gozar el placer y el reto de encarar y construir mi futuro, de sentirme aquí y ahora ¡vivo!

Ya llegarían mis noches para recordar mi pasado. Hoy, ante mí, está este instante pleno de luz, de sol y de promesas.

Hace tiempo que renuncié a escribir un diario, prefiero vivir que tomar fotografías, ya habrá tiempo para ello, si los años me regatean el sueño, uso el día para vivir y las noches para extraer el rescoldo del placer de lo vivido, por ello otra noche me encontré repasando viejos recuerdos de lo poco que conocía del pasado remoto de Comitán, cuando su nombre era el de Balumkacnan, ciudad maya quiché que, según los entendidos, significa "nueve luceros guardianes".

En los alrededores de Comitán existen algunas ruinas de origen maya: el Gooc, Acaxnajab, Tepancuapán y, más lejano en la región de los Lagos de Colores, Chincultic. ¿Pero existe alguna pirámide o vestigio real que recuerde la mítica Balumkanan? Yo lo ignoro, de cualquier manera de aquellos pueblos, es poco lo que se conoce.

En mis tiempos de niño eran conocidos en Tenam los restos de lo que había sido una construcción, unas pocas piedras labradas de las cuales recientemente se ha reconstruido una modesta pirámide que exhibe, con orgullo pueblerino, un astral juego de pelota, ayuno de piedra de sacrificios.

En realidad se trata de los pocos restos de un templo, suficientes, no obstante, para obligarnos a reflexionar sobre los siglos de sabiduría necesarios para crear una cultura y sopesar los años de abandono que fueron necesarios para su destrucción, bastantes en todo caso para hacer imposible conocer algo más que su nombre.

La construcción y subsiguiente destrucción de lo que fue Balumkacnan en una época muy posterior a la Conquista, que por su horizonte histórico no puede ser muy diferente al destino que corrieron las ciudades del clásico, Bonampak, Palenque, Toniná, entre otras muchas, y el de los poblados que les sucedieron, Honab, Wahskanajaté y Comiktlan, antes de la Conquista, primer antecedente histórico del que tenemos memoria de lo que hoy es Comitán y del que, sin embargo, la historiografía oficial desconoce quiénes fueron sus fundadores.

Del lugar de su fundación en el cerro Junchavín, el profesor Rodas traduce del tzotzil: *Jo* 'escarbadura' y *Chavín* 'brujo' o 'guardián'; dicho de otra manera, 'en la cueva del guardián'.

Lo que estaría de acuerdo con quienes afirman que: "En una cueva del cerro se encuentra oculto el espíritu indomable de Hun Chavín". Deidad cuyo nombre encabezaba el decimoséptimo mes del calendario maya y quien, ni victorioso ni vencido en su sangre, habría venido a fundar Balumkacnan, algún año, en la noche del posclásico de los tiempos mayas.

Pero más allá de tener la certeza de quién es el autor de su fundación, no existen noticias, ni siquiera leyendas que relaten alguna profecía que sirva para aclarar cuál es el influjo de los nueve luceros o dónde se localizan en el mapa celeste las nueve estrellas de Balumkacnan a las que alude su nombre.

Mi pueblo, al parecer, inició su camino de siglos sin designios de dioses, incluso ignoramos si existen; no se han oído presagios de brujos que hubieran podido anticipar su futuro y hasta hoy ningún astrólogo ha habido que, consultando su plano astral, pudiera anticiparnos su destino. Queda por ello sin respuesta la pregunta que angustia mis insomnios: ¿cómo y cuándo se fundó, si alguien lo hizo, Comitán?

¿Cómo podré despejar esta otra telaraña tan oculta en el tiempo o cómo hallar la punta del hilo para desenredar la maraña de este acertijo, dónde se encuentran en el mapa celeste los nueve luceros que forman el nombre de mi pueblo?

O bien, ¿cómo averiguar lo que predijo, si lo hizo, Hun Chavín quien, según los pocos datos conocidos, es el fundador de Balumkacnan?

No obstante lo intrincado del problema, me queda claro que solamente conociendo el pasado nos será dado entrever el futuro, nuestro futuro.

El misterio de la primera fundación de nuestro pueblo, recurrente en mis noches insomnes cargadas de ayeres, en momentos me ha llegado a parecer angustiante, pues la cuestión no se resuelve con saber el significado de su nombre, o de cómo se llamaban a sí mismos sus habitantes, o a partir de cuándo, estos y aquellos llegaron a ser nuestros antepasados, y que, desconocidos, he dado en llamar nuestras sombras.

Lo que causa mi angustia no es el ignorar sus nombres, sino lo que pueda averiguar o no hacerlo sobre el destino que, según sus creencias, aguardaba a su esencia humana; me inquieta no saber quiénes eran, cuáles eran sus certezas, cuáles sus miedos, cuáles sus sueños, en qué o en quiénes creían y, en última instancia, cómo abordaban el hecho brutal de la muerte, que ha angustiado a todos los hombres por igual.

Sin datos concretos para reconstruir su particular historia, la tarea resulta humanamente imposible. Para hallar una respuesta plausible necesitaría haber vivido en alguna otra vida, u otras vidas, en Balumkacnan como, según las consejas, lo acostumbra hacer el Nahual, ese ser mítico y espantable que permanece vivo en las leyendas de la gente sencilla de mi pueblo y, tal como lo recuerdo de mis atisbos, en el terreno prohibido de la servidumbre.

Meditando sobre el asunto, sin mucho convencimiento, me he llegado a preguntar si podría ser cierta, como lo aseguran hunes y tojolabales, la existencia de hombres de poder, balames, agoreros y nahuales, que han logrado trascender la barrera del tiempo.

"Un hombre de poder es capaz de separar su cuerpo del espíritu, puede ver más allá de los sentidos, lo que pasa entre este y el universo de lo divino, evocar y dominar a voluntad a espíritus protectores o aliados para transmitir sus designios del espacio sagrado mediante la celebración de cultos y ritos antiguos de sus pueblos; algunos hay que otorgan al Nahual facultades de curar y provocar enfermedades, adivinar, soportar el dolor físico y realizar viajes externando el espíritu más allá del tiempo y del espacio a regiones sagradas, al inframundo o al cielo; también se les atribuye la facultad de transformarse en otro ser, ya sea animal o fuerza natural, o como bolas de fuego, con las que se supone pueden viajar en el tiempo y el espacio". Carlos Castaneda lo cree así.

Aun suponiendo que todo ello fuera cierto, no resulta ni práctico ni suficiente para mis propósitos, pero es lo único que puede ayudarme a resolver mis dudas existenciales.

Otra cosa diré: para revivir mis recuerdos conservo en mi poder un viejo cuaderno con apuntes que hallé una noche, muchos años atrás, en el tapanco de la casa que fuera mi hogar. A estos apuntes los he llamado pomposamente el "Manuscrito de Pedro".

Esta es su historia y comienza cincuenta y dos años antes de aquella noche en que me encontrara meditando en mi cabaña en Valle de Bravo sobre el pasado precortesiano de Balumkanan-Comitán.

El Nahual
Falsa crónica de la fundación de Balumkanan

—¿Qué es un Nahual, nana? —preguntó Pedro.

La vieja, sin despegar los ojos del tejido del petate, contestó:

—Vos sos un Nahual, *mi'jo*.

Faltaban pocos días para la celebración de la Navidad y ni los hermanos mayores ni Pedro, un niño de siete años recién cumplidos, habían sacado las figuras tradicionales de la celebración: los borreguitos, los pastores, una caja con arena, un pedazo de espejo para simular el lago de un oasis, las tradicionales palmeras (hechas de barro) que lo rodean y una fogata a la que se arrimaban dos árabes que, con su peculiar vestimenta, simulaban cuidar de un rebaño no muy nutrido de dispersas ovejas, entre otros.

Los generosos Melchor, Gaspar y Baltasar aún estarían ausentes por un tiempo y se podía esperar para encontrarlos y acomodarlos en la escena navideña el tan anhelado seis de enero.

No así los demás juguetes, por lo que el hermano mayor de los que estaban en casa trepó una segunda vez por la vieja escalera al tapanco, donde deberían estar guardadas las otras figuras y, de esa suerte, de su mano una a una fueron apareciendo san

José, la Virgen María, el ángel de la Anunciación y una estrella de cartón cuajada de lentejuelas doradas visiblemente deteriorada.

A Pedro le tocó limpiar y depositar en un canasto sobre la mesa del comedor las estatuillas. En su tarea no tardó en notar que estaban incompletas, faltaban algunas más, entre otras, el actor principal: el Niño Dios.

Lejos de preocuparse por las figuras faltantes, el niño encontró en ello un buen pretexto para, por primera vez, entrar al tapanco y averiguar por sí mismo los misterios que ahí se guardaban.

Subió por la desvencijada escalera como lo hiciera momentos antes su hermano mayor y una vez arriba se encontró con un mundo poco menos que mágico. Viejos arcones abrían sus puertas dejando ver cualquier cantidad de objetos: muñecos rotos, vestidos y chalinas de otras épocas, un polisón, restos de algunas revistas de modas de principios de siglo, la piel roída de una estola y, más allá, rebosante de inservibles billetes carrancistas, un cofre de no menor tamaño. En otro arcón más pequeño, junto a restos de soldaditos de plomo, semioculta entre tuertos y despernancados muñecos de celuloide, estaba completa una tosca muñeca de madera, parada sobre lo que parecía un riel. Lucía raspaduras en un ojo y tenía pintada la cara de rosa, de rojo las mejillas y la boca, la blusa blanca estaba sucia y la falda era de color azul morado; el conjunto resultaba desagradable aun si se comparaba con las otras que mostraban una o las dos cuencas vacías de los ojos de canica de vidrio. Un detalle más: de su cintura colgaba, desarticulado, lo que parecía un pequeño muñeco con un desmedido sombrero.

A pesar de su mal aspecto, Pedro quiso ir a tomarla; al momento de tocarla, el esperpento pareció cobrar vida y comenzó a mover sus pies y caminar hacia abajo por el riel inclinado.

Pasada la sorpresa, Pedro descubrió que lo hacía merced a un mecanismo ingenioso que le permitía utilizar la gravedad para caminar siempre sobre el riel inclinado y mover, una a la vez, sus piernas y pies aprisionados dentro del entorno limitado de su falda también de madera.

Al impulso de Pedro, la muñeca de madera habría recorrido algunos pasos a lo largo del riel antes de ir a volcarse sobre lo que resultaron ser restos de algunos cuentos: *Riquete del Copete*, *Aventuras de Rompetacones*, el *Resumen Semanal del Mundo*, fechado el cuatro de julio de 1896 y, entre estos, las hojas sueltas de un viejo cuaderno manuscrito.

Ya se retiraba con las manos vacías de juguetes navideños, cuando llamó su atención ver entre las hojas del cuaderno, escrito con letras inseguras como de un niño, el nombre de quien seguramente había sido su propietario, su propio nombre: Pedro.

Bajó por la escalera y poco tiempo después quedaron limpias y acomodadas en el canasto las pocas figuras de personajes navideños y, olvidados en el tapanco, la muñeca y el Manuscrito de Pedro.

Cuando hubo terminado su tarea, se retiró a su cuarto para alistar las cosas que necesitaría al día siguiente: su honda-resortera con el debido "parque": un puñado de piedras boludas. Estaba ilusionado porque por primera vez iría con su hermano mayor y don Chemingo a buscar al Junchavín, un monte cercano, el laurel y el heno necesarios para completar el escenario del nacimiento.

Año con año, su padre comisionaba a don Chemingo Zamora para que acompañara a los niños a traer las ramas de laurel que se utilizarían como follaje de fondo en el nacimiento. Naturalmente el lugar debía estar cubierto de vegetación que atestiguara con su verdor la alegría de la Navidad y ofrecer gran contraste con la aridez del desierto simulado con arena.

Con el mismo objeto, se colocaría en gran parte del nacimiento verde musgo que sirviera de alfombra, principalmente en la cuevita donde, en su momento, estarían el Niño Dios, san José y la Virgen María acompañados de la mula y el buey que prestarían calor al Redentor.

Por la mañana del día siguiente, en casa de los papás de Pedro todo había comenzado temprano, todos esperaban que don Chemingo pasara por los niños. Nacha, la encargada de moler mensualmente el chocolate, debió llegar antes de las cinco de la mañana porque cuando Pedro se levantó, a las siete, pudo ver extendidas sobre la mesa del comedor gran cantidad de redondas tabletas de chocolate recién molido y cortadas utilizando la boca de un vaso de vidrio, marcadas con la forma de estrella grabada en la base del mismo, a guisa de marca y ornato.

Pedro, vestido y preparado con resortera y todo lo demás, esperaba con impaciencia a que le llamaran a sentarse a la mesa del comedor. Vio salir a la molendera, una mujer indígena muy entrada en años, literalmente agotada por el esfuerzo de moler en el metate, calentado con brazas por debajo, más de diez libras de chocolate.

Podía oler lo que se preparaba en la cocina donde hervían dos grandes ollas: una de café con piloncillo para la servidumbre y otra con nixtamal para las tortillas con que desayunarían. Cheva, la cocinera, había terminado de sazonar los frijoles de olla, les había agregado cebollines y ajo puerros de sabor amargo-dulzón. Freía en una sartén chorizo finamente molido junto con los huevos recién recogidos del gallinero del patio de atrás.

Candelaria, la salera, se encargaba de echar una a una al comal tortillas de maíz blanco para introducirlas calientes a un pumpo y de esa forma evitar que se enfriaran para cuando toda la familia bajara a desayunar; a su tiempo, recogió en una canasta las tabletas de chocolate, puso sobre la mesa el mantel recién planchado, acomodó la vajilla y finalmente fue a avisar a la familia que el desayuno estaba listo. Era el momento que Pedro aguardaba, esperó pacientemente a que se sentaran su padre, su madre y sus siete hermanos mayores, para luego sentarse él mismo en el lugar número ocho de la mesa.

Finalizaba el desayuno, cuando Aurelia, su nana indígena que además había sido su nodriza, le sirvió una taza de espumoso chocolate y puso a su alcance una rebanada grande de pan de yemas —cazueleja— al mismo tiempo que en voz baja dijo:

—*Ya'tás* grande, mi niño, ya tenés siete años, es hora que conozcás a tu Nagu...

—Ya, nana, deja de decir de cosas... —interrumpió enérgico Pedro, temeroso de que se percataran del diálogo con la sirvienta.

Su padre pareció advertir el corto diálogo, pero nada dijo, se limitó a mirar con firmeza a ambos en tanto sorbía un trago largo del café amargo de bolsa, preparado expresamente para los miembros mayores de la casa.

Cohibida, Aurelia se retiró presurosa a tiempo que, entre dientes, completaba la frase.

A las siete y media de la mañana, Don Chemingo llegó puntual. Pedro y Julio, su hermano mayor, lo esperaban. Llegó con su hijo Antonio; Tonito, le decían en casa, un poco mayor que Julio y varios años mayor que Pedro.

Don Chemingo, hombre de pocas palabras y muchos oficios o, como él mismo decía: "Aprendiz de todo y maestro de nada", apenas saludó a Sara, la mamá de Pedro que había salido a despedirlos.

Quitándose a medias un sombrero viejo de paja, cogió un gran costal, se lo pasó por encima de los hombros y volvió a tomar su sombrero e hizo ademán de salir a la calle. Al tiempo, la madre de Pedro dijo:

—Ahí se los encargo, Chemingo.

—No pase cuidado, señora. —dijo el aludido, haciendo el mismo movimiento con la cabeza y el sombrero, mitad saludo, mitad despedida. Se dio la vuelta, traspuso el enorme portón que da a la calle e inició la caminata sin asegurarse siquiera de que lo siguieran o no.

Los niños se despidieron de su mamá con un beso apresurado antes de echar a caminar por sobre las empedradas, a esas horas casi solitarias, calles de Comitán. Pedro pudo ver a Aurelia justo detrás de su mamá, tenía las mejillas y la boca pintadas de rojo, vestía una sucia camisa blanca y una falda azul morado, de su cintura colgaba desvencijado un muñeco con un enorme sombrero. Nunca la había visto vestida así.

Tomaron rumbo a la iglesia de la Cruz Grande que se encontraba a la mitad del camino entre la casa de la familia de Pedro y la salida del pueblo, de esa manera comenzó la caminata para recoger el laurel necesario para escenificar el nacimiento durante los festejos de la Navidad. Caminaban Don Chemingo y Pedro por delante, Tonito y Julio detrás.

No tardaron en llegar al parque central, una plazoleta enmarcada por dos hileras de portales, el palacio municipal y una hermosa casona de dos pisos que era la más representativa del pueblo.

Bordeaban sus cuatro lados: al sur una pared —para nivelar el terreno de suyo abrupto— terminada en una barda rematada en ondas que se continuaba, escaleras de por medio, por el lado oriente; este delimitado parcialmente por una reja; el lado norte mostraba una elevación respecto a la calle, por lo que el acceso por ese costado se realizaba mediante gradas hasta las lajas del redondel interior; el lado poniente resultaba deprimido en cuanto al nivel de la calle.

Al interior, sus cuatro avenidas estaban recubiertas con lajas enmarcadas por añosos pirules y, rodeando los jardines, bancas de hierro forjado con el escudo nacional rematadas con el gorro frigio.

Diseminadas al interior, sobre erguidos monumentos, los bustos del general Pantaleón Domínguez, del padre Hidalgo y del presidente don Benito Juárez; al centro se encontraba el kiosco, puesto de honor de la marimba dominguera.

En los arriates del jardín se lucían hojas elegantes así como orquídeas y diversas flores de ornato; en uno de sus esquineros un cedro alto, erguido, sobresalía frondoso.

Al momento de atravesar por un costado del palacio, dos cosas llamaron la atención de Pedro: una, el viejo jamelgo que estaba siendo uncido al carretón del servicio municipal de limpia, que incapaz de rebelarse luchaba por alcanzar el maíz en el clásico morral atado a su hocico; y otra, que junto a este, encerrados en el Corral de Concejo, tres o cuatro burritos con todo y arnés para cargar agua.

Pedro preguntó:

—¿Por qué están ahí esos burritos, don Che?

—Pleitos de burreros, *que's que* ya no alcanza el agua de la pila *p'a* todo el pueblo y por eso ¡encierran los burros...!

—¿Y los burreros dónde están?

—¿No los mirás? Barriendo el parque de a gratis. Mejor *pa'l* presidente —dijo renegando Chemingo, al tiempo que apresuraba el paso.

Poco después, caminando en silencio, pasaron a un costado del templo del Calvario situado en la parte alta del pueblo. De ahí podía verse, además de la torre de la iglesia grande, al fondo la ciénaga donde Pedro solía cazar chashives, pequeñas viboritas de agua con las que asustaba a las niñas de su escuela.

Continuaron en silencio y pocas calles después, ajustado el paso del grupo a las exigencias del andar de don Chemingo, Pedro quiso entablar conversación y preguntó:

—¿Le costó mucho hacer la lanchita con latas vacías de alcohol, don Che?

Silencio.

—¿Cuánto me costaría una?

—Catorce oficios, cuarenta necesidades. Ese soy yo —fue la escueta respuesta.

Pedro entendió que la lancha para impresionar a la niña de sus sueños tendría que esperar mejores humores.

El grupo continuó su camino. Pedro, sin poder conversar, tomaba nota de los lugares que veía y, poco después de haber pasado frente a la casa de su tía Margarita, notó que a partir de ese punto casi en cada casa había una tiendita; por ahí escaseaban las calles empedradas y en vez de paredes los predios de las casas se protegían con cercas de empedrados. Sin detenerse, observó las plantas que con frecuencia crecen sobre ellos: las pitayas —cactus a manera de enredaderas de ricos frutos— de piel verdirroja y pulpa blanca, salpicada de diminutas semillas negras, delicioso perfume y un gusto agridulce.

El olor y el gusto agridulce de las pitayas remitieron a Pedro a la evocación de una niña que desde hacía tiempo lo traía contrariado:

—¡Y dale con tu recuerdo, niña! —decía como para ahuyentar la imagen que había llegado a su memoria.

De ahí a poco caminar, las banquetas desaparecieron y las calles se volvieron caminos de tierra que discurren por en medio de los grandes predios llamados sitios; en su interior se encuentran las casas y en lugar de muros se pueden ver cercas, las más de las veces, formadas con ortiga mala mujer y plantas enredaderas nombradas quiebra-cajetes.

También hay huertos donde crecen cualquier cantidad de árboles frutales: limoneros, guayabos, naranjos, limas de pechito, lima-limón, mandarinas, chulules, sidras, toronjas, granados, nancheroles, cafetos, nísperos, cuajilotes, plátanos y aguacates, entre otros. Algunos árboles y arbustos cargaban guías de chayotes o granadas chinas.

Poco después el camino trepaba por un despoblado, esto significaba que habían llegado a los límites del pueblo.

Al pasar por uno de los últimos huertos, Don Chemingo se detuvo y habló al grupo dirigiéndose principalmente a Pedro:

—Cuando lleguemos al cerro han de tener mucho cuidado de no perderse. Ver por donde ponen los pies porque hay víboras coralillo que tienen unos como anillos rojos, negros y amarillos; no todas son peligrosas, hay algunas que si te muerden solo te sueltan el cuerpo por un rato, no podés andar y se te ñubla la vista como si estuvieras mirando cosas. Pero hay otras que si te pican no contás el cuento. También hay arañas ponzoñosas —concluyó.

Pedro, un poco asustado, preguntó:

—Y, ¿cómo sé cuál... cuál me puede picar?

—Eso es lo malo, no lo podés saber hasta que te pique, son muy iguales.

Pedro aprovechó para mostrar su honda y poner una piedra en la chapeta.

—'*Tonces*, sin averiguar, le doy una pedrada con mi honda... o la mato con una vara —dijo convencido.

—Nada de eso, mejor te vas derechito donde *yo'sté*. Si no les hacés nada no te van a picar, pero mejor estate junto a mí, no te vayás a perder —Chemingo dio por concluido el discurso.

Pero Pedro no quiso desaprovechar la ocasión para averiguar algunas cosas que no le quedaban claras y preguntó:

—Don Che, ¿hay musgo donde vamos?

—No, *que'speranza, ya'stas* horas lo arrancaron todo las guacanajateras. Te lo van a pasar a vender a tu casa.

—¿Y vamos a cortar "pashte"? ¿Hay?

—*Que'onde*, ya se lo llevaron también.

—¿*'Tonces...*?

—Lo van a tener que comprar tus papás.

—Y ¿el laurel?

—Ese lo vamos a cortar nosotros.

—¿Por qué? ¿No se lo llevaron las guacanajateras?

—No. Ellas no tienen permiso.

—¿Permiso de quién, don Che?

—De don Adolfo Moya, el dueño de este cerro.

—Y nosotros ¿tenemos permiso?

—*De'l* sí. Ya le habló tu papá. Pero falta el del mero dueño, del que está en la cueva.

Al parecer molesto por lo que había dicho, cambiando de humor y de tema agregó enérgico:

—Estate conmigo, no te vayás a perder.

Al tiempo que retomaba el paso, agregó para concluir en tono que no dejaba dudas:

—Del que está en la cueva.

—¡Pucha máquina! —se dijo Pedro, reanudando el paso para seguir a don Chemingo.

Al poco rato habían comenzado a subir por las faldas del cerro; las últimas casas aparecían diseminadas sin orden ni traza por el campo ayuno de árboles, eso sí, cubierto de verde pasto. Estas construcciones eran de forma rectangular, con paredes de bajareque y un portal al frente en el que, por lo regular, dormitaban uno o dos perros; sus techos eran de tejas rojas con caídas de cuatro aguas. La distribución de las construcciones era así: la edificación principal en el centro del predio y otra (u otras) más pequeña a su lado. En el resto del solar crecían algunos magueyes para raspar aguamiel y servirlos en refresco o como base del comiteco. Los predios estaban cercados con dos o tres hilos de alambre de púas, sostenidos, los más, por postería de madera que se había reforzado, de tramo en tramo, con arbustos crianderos, que por reproducirse por medio de estacas resultaban muy convenientes.

En el predio había gallinas y pollos que rascaban lombrices y por ahí, amarrado de una pata al tronco de un matasano, hocicaba algún marrano en busca de las semillas y frutos caídos del árbol.

Más adelante el grupo pudo avanzar por el sendero, trepando no sin esfuerzo por la falda empinada del cerro por donde aún no se veía trazas del laurel que habían ido a buscar; en cambio, por todas partes había grandes rocas donde crecían redondas y espinosas biznagas, huevos de coyote y pequeños matorrales, chiribiscales.

Don Chemingo no se detenía nunca a pesar del costal con herramientas que llevaba. Pedro jadeaba y no podía seguirle el paso, tenía sed. Tonito y Julio, ya jovencitos y libres de peso, se habían adelantado un poco.

Hacia las once o doce de la mañana, hora en que el sol invernal quemaba sin calentar, alcanzaron un claro en la parte alta del cerro.

Se trataba de un llano redondo, en cuyo centro se asentaba una casa cuadrada con techos extremadamente inclinados y altos, coronados por una especie de cresta en su caballete que la hacía lucir aún más alta. No contaba con cerca alguna, pero se adivinaba levantada en un predio cuadrangular delimitado por cuatro pequeñas construcciones, ocoteros, a las que se orientaban los esquineros de la casa.

Cuando pasaron por el lugar no encontraron animales domésticos. Debía ser cerca de mediodía porque la casona apenas proyectaba una pequeña sombra alargada.

Por curiosidad, pero mayormente por cansancio, Pedro se había detenido a mirar la construcción; nunca había visto una similar, sus techos de cuatro lados iguales eran de palma real ya renegrida por el sol, el agua y la intemperie; estaban sostenidos por horcones en los que descansaban las dos gruesas vigas redondas de los largueros que aún conservaban parte de su corteza; sobre estos, unidos mediante toscas muescas de ensamble de media caña, las otras dos vigas iguales en largo, grueso y apariencia.

No tenía ventanas y sus paredes eran de una mezcla de lodo y juncias que se sujetaban a un entramado de varas: enterradas las verticales —las más gruesas— y las horizontales entretejidas —las más delgadas—, todas amarradas entre sí con bejucos. La construcción ocupaba un gran espacio cuadrangular similar a la base de una pirámide.

El techo de la pared del frente sobresalía un tanto, formando un pequeño portal por el que se podía ver la única puerta de entrada.

A todo esto, Pedro se había detenido a descansar y a observar la extraña construcción; don Chemingo había hecho lo propio, por lo que, cuando consideró que ya habían descansado lo suficiente, hizo una seña levantando la mano al mismo tiempo que decía, con tono ronco e imperativo:

—Vamos, que no tenemos todo el día.

Pedro, tratando de alargar el descanso, aprovechó para preguntar:

—¿Quién vive ahí, don Che?

—Un indio jun, Pancho Vendaño. Yo que sé, los laneros de Juns'najav dicen que es un hombre de poder, un Chilam.

Dijo esto visiblemente molesto, lo que Pedro atribuyó a sus constantes preguntas, por lo que sin más se apresuró a reanudar el paso. Al hacerlo, pudo ver que Chemingo había cambiado su viejo sombrero, el que tenía ahora era muy grande de ala ancha con vivos negros, rojos y anaranjados a su alrededor, lo que lo dejó más intrigado.

El grupo continuó la caminata y pronto alcanzaron un peñasco al pie del cual se abría una oquedad en la que se esparcían restos de piedras quebradas.

Esta vez Chemingo habló para sí sin que nadie le preguntara nada.

—Aquí el cerro está hueco y muy abajo pasa el río. Por ahí se le reventó la dinamita al alemán don Martín. Quiso sacar tu agua, partió el cartucho, le estalló la dinamita y se murió. '*Taba* tratando de buscar tu agua como el difunto don Patricio Pulido, el nombrado tío Ticho. Por aquí nomás debe estar la otra cueva, donde don Mauro Quintero le trató de ganar tu oro a don Adolfo Moya y se quedó enterrado como tres días; por poco no lo cuenta.

Al querer o no, Pedro lo escuchó. Advertido, Chemingo se puso muy serio y casi amenazante continuó:

—No me hagás caso, niñito, Hun Chavín es un indio, ya '*tá* muerto, pero *que's* el mero dueño de este cerro.

Y acercando su cara a la del niño, al mismo tiempo que se quitaba el sombrero, agregó:

—Si te topás con él, patas *pa'qué* te quiero, te salís corriendo.

Para conjurar semejante peligro, Pedro consideró que era necesario decir su peor maldición, una que había escuchado decir camino al rancho a un cura amigo de la casa y por ello la reservaba para casos extremos:

—¡La gran pu... janza de san Valdemiro!

Julio, su hermano mayor, oyó la historia y la maldición y dijo a su vez:

—Ya deje de meternos miedo con sus cuentos de indios aparecidos.

Chemingo se quitó el enorme sombrero, encaró a Julio y, sin reparar en la presencia de su hijo, con gesto de pocos amigos, advirtió que, fuera como fuera, no quería que nadie se acercara a la cueva que él aseguraba había en el lugar. Golpeó con fuerza el ala del sombrero y concluyó:

—Recuerden, cabroncitos, la cueva del Junchavín es un abismo sin fondo. A quien se acerca se lo traga.

Y diciendo esto con aire misterioso echó a caminar con prisa, alejándose rumbo al otro lado del cerro.

Dominada la cima, no tardaron en comenzar la bajada por la otra ladera donde finalmente encontraron lo que buscaban: un bosquecillo de laureles.

Julio y el hijo de Chemingo corrieron ladera abajo en busca del laurel dando por descontado que también Pedro correría tras ellos; sin reparar en que este permaneció en el lugar hasta verlos internarse entre los laureles. Chemingo sacó el machete que traía en el morral junto con un mecapal y se fue tras su hijo y Julio.

Pedro no se unió a los demás pretextando que no se le permitiría utilizar cuchillo o machete para cortar las ramas; de todas formas no traía ninguno consigo y en realidad quería estar solo.

Se encontraba intrigado por lo dicho por Chemingo, a tal punto que había olvidado, aunque fuera por poco tiempo, las miradas cargadas de ocultas promesas de aquella niña, la del Colegio del Sagrado Corazón, la de los ojos negros y profundos... Frustrado, se fue a parar malhumorado al pie de una anona roja silvestre.

Pensativo, y al parecer ajeno a la placidez del paisaje, se preguntaba para olvidar.

—¿Será cierto lo del río escondido o lo de la cueva sin fondo? ¿La cueva y el oro del indio Hun Chavín?

Tercos eran en verdad sus otros pensamientos, por lo que para dejarlos de lado se dio a la tarea de reconocer el lugar en busca de algún rastro que le pudiera conducir a la entrada de la cueva. Comenzó por observar que desde donde se encontraba partía un caminito apenas oculto por algunos matorrales y que al parecer se dirigía al rumbo señalado por Chemingo, hacia donde había dicho que se encontraba la cueva del tío Ticho.

Poco resistió Pedro la tentación y un momento después se encaminaba por la vereda recién descubierta. El campo lucía apenas diferente al que bordeaba los caminos que acababan de pasar. A su vera crecían pequeñas matas de "sal de venado" y estaba poblado por muchísimas flores multicolores: heliotropos.

—¡Aquel olor... la pucha! Otra vez su recuerdo. La traigo metida en la cabeza como un jonosh —dijo y lanzó un escupitajo con la intención de sacudirse el mal pensamiento. No logró su objetivo a pesar de que hubiera ahogado a una hormiga.

En vez de intentarlo de nuevo, escuchó atento el zumbido peculiar y amedrentador del batir de las alas dobles de una avispa de las conocidas como *horcadoras*, que seguramente se encontraba en el lugar atraída por el perfume de las flores y en busca de su miel.

—En busca de su miel —repitió el pensamiento—. La muy...
—dijo entre dientes ya no refiriéndose a la avispa—. Lo *pior* es que junto a ella han de zumbar también algunos *jijos* zánganos.

Parado en una rama de tiligüet, sorbía una gran gota de rocío un curguatón tornasolado y dos o tres colibríes chupaban la miel del pichichej amarillo:

—¡Todo está en mi contra!

Detuvo la mirada a su alrededor. Los colibríes introducían, como la duda, como... los celos, su lengua y pico largo afilado por entre los pistilos en las corolas de las flores del pichichej.

Ajeno al estado de ánimo de Pedro, la calma y serenidad del paisaje en el campo en nada contribuía a que pudiera olvidar a la niña en aquel día soleado de invierno a las afueras de la desaparecida Balumkanan.

Pedro sentía su soledad, por lo que con frecuencia volteaba a ver hacia el lugar donde podrían estar su hermano y sus compañeros; a la vez seguía intrigado por el asunto de la cueva, no dejaba de mirar por el rumbo del cerro, ahí donde el monte le parecía más verde, más húmedo y lleno de vida.

—Por ahí deben estar el agua y la cueva —se decía—. ¿Será verdad que muy abajo corre un río? —continuaba dubitativo.

Obedeciendo un instinto, se agachó sobre el camino para poder escuchar mejor y arrimó una de sus orejas a la tierra.

Incrédulo permaneció en esa postura, el rumor de una corriente impetuosa se dejaba oír abajo, muy abajo en el interior de la tierra... Se levantó y volvió a agacharse una y otra vez hasta que no le quedó duda: era verdad, por debajo se oía correr el torrente de un río, un gran río. Se puso de pie y quiso comunicarlo a los demás.

Gritó, pero todo intento resultó inútil. Estaban lejos, donde no podía verlos, seguramente entretenidos cortando las ramas de laurel.

Expectante, se quedó callado, esperaba escuchar sus voces... No pudo, no lo oían, ni él los oía.

Entusiasmado por ese primer descubrimiento una cosa lo llevó a la otra, se dijo para sí:

—Lo otro, lo de la cueva de Hun Chavín y el oro también puede ser cierto. Todo dependía de quién fuera capaz de encontrarla.

Pensó en "ella" y en su interior escuchó con fuerza latir su corazón. De pie buscó de nuevo a sus compañeros a ver si regresaban con el laurel.

En el campo todo estaba en silencio, ausente de toda voz humana, no había rastro de sus compañeros.

Pedro aguzó el oído sobre el zumbido de las abejas y otros insectos, solo le pareció oír el triste reclamo de una paloma ala blanca y el ronco canto de otra pumuz, nada más.

—Si lo encuentro, seguro me vuelven a mirar sus ojos. ¡A ver si hay alguno que se atreva! —se dijo y dejó de maldecir.

La vereda que había seguido se perdía al llegar a un arbusto cercano al lugar en que se había detenido a escuchar el torrente.

Pedro se incorporó; el arbolito crecía en el centro de un círculo libre de maleza, a su alrededor no había pasto ni planta alguna, la tierra aparecía arenosa y yerma.

Sobre el espacio desierto solamente podían verse pequeñas hormigas negras, multitud de ellas, que acarreaban hojas recién arrancadas a los árboles cercanos para ser llevadas hasta el pie del árbol del centro, donde desaparecían para ingresar a su hormiguero. Observó las hojas del arbusto, lucían intocadas y verdes como ninguna, su follaje no resentía el ataque voraz de los insectos.

—De todas formas es triste estar solo —fue su reflexión.

Algo más llamó su atención: las afiladas espinas de la planta eran similares a cornamentas de toros. Las vegetales astas estaban provistas de un agujero natural similar a aquel por donde se introducían las pequeñas hormigas a su hormiguero; el trajinar era constante, seguidas unas de otras, gran cantidad de hormigas ya subían ya bajaban por el tallo del árbol, circulando presurosas y ordenadas sin tocar las hojas del árbol, ni hacerle daño.

Se diría que planta y hormigas eran cómplices en un pacto secreto: estas proporcionaban abono y limpiaban su alrededor de maleza y la planta en pago proporcionaba cobijo y protección a los insectos con sus espinas.

—No hay pleito entre las hormigas, ¡claro, todas trabajan para la reina! —volvió a pensar en el río subterráneo y en el indio Hun Chavín—. Chemingo no se atrevió a acercarse a la cueva... se ve que le tiene miedo... ya ni quien se acuerde "de ella" —hacía más de cinco minutos que no la recordaba.

Sin vereda que seguir, abandonó el lugar y encaminó sus pasos hasta donde se encontraba una planta de palpanichín. El arbusto lucía flores en forma de blancas campanas que atraían a multitud de insectos con su fuerte olor de adormidera. El interior de estas estaba cubierto con infinidad de ellos, algunos muertos, otros luchando por su vida y, al parecer ajenos a lo que ahí sucedía, alrededor de cada flor rondaban multitud de moscas y mosquitos que eventualmente terminarían pegados a la superficie pulposa de sus pétalos.

—¿Qué los atraía, el perfume o la mera curiosidad?

Una visión lo sacó de sus dudas. Sin saber por qué, se miró a sí mismo pegado a los pétalos carnosos de la planta.

Repelido por la imagen o por el olor demasiado penetrante de la planta, sintió la necesidad de escapar del lugar. Había tomado una decisión.

Continuó por otro camino hasta donde se encontraba un espino que mostraba sus ramas pobladas de pequeñas hojas y de largas y afiladas espinas como espadas.

Con más sorpresa que curiosidad vio adheridos en las puntas los hilos de un enorme telar en cuyo centro se encontraba una descomunal araña verde-amarillenta con algunos puntos brillantes en su enorme abdomen a manera de celoso guardián de la planta. Al soplar del viento, el poderoso animal balanceaba su peso sobre sus grandes patas negras, paradas en la resistente telaraña tejida simétricamente en un radio no menor a un metro y sujeta a las filosas espinas. En su entramado yacían cascarones secos de insectos, incluidos algunos más grandes que la propia araña. El espectáculo resultó ser igual de amenazador que el de las flores de palpanichín.

El destino era el mismo cualquiera que fuese el camino que se escogiera. Sin embargo, Pedro ya había tomado una decisión:

—Hay que buscar por otro lado el oro de Hun Chavín —se dijo, aunque por un momento la visión le había hecho sentirse poco menos que un insecto atrapado en una telaraña.

Comenzó a tararear una canción para darse ánimo y desechar sus propios sentimientos y temores. Encaminó sus pasos hacia otro árbol que le ofrecía mejor sombra y espectáculo.

—La cuestión ahora es cómo encontrar la cueva para bajar al agua del Junchavín.

"Como a mí en el mundo, sin estar contigo, nada me divierte... dejo a los amigos platicando en el alto por venir a verte... por decirte a solas que sin ti me muero..." tarareó la copla.

En su imaginación apareció el coro de señoritas vistas, pocos días antes, en un ensayo de "El puñao de rosas" que se pondría en escena en el teatro de la ciudad.

Entre el grupo de improvisadas artistas bailaba con singular coquetería doña Sol que hacía de una gitana, en tanto que a su alrededor un grupo de guapas muchachas pueblerinas entonaba las coplas españolas de la zarzuela.

La imagen toda era tan solo un pretexto, un truco de Pedro para hacer menos evidente su deseo de recordar, en la escena, aquella otra niña que tanto le perturbaba. Como quiera que fuera se sintió triste cuando dijo:

Se vistió de negro...
y aunque sus labios estaban rojos,
su corazón también vistió de negro,
y no había luz en sus negros ojos...

Terminó el verso mal improvisado y más triste que contento se dijo:

—¡Bailó como nunca! ¡Cómo se movía! Pero ni una miradita me dedicó la muy... —y diciendo esto lanzó otra vez, como veneno, como exorcismo, su maldición—: ¡Pucha máquina!

Continuó mohíno tratando, sin lograrlo, de expulsar, de una vez por todas, el recuerdo que tanto le martirizaba y que durante todo el trayecto parecía traer atorado como un nudo en la garganta, como un mundo en la cabeza.

Al final de la vereda, al final de sus cavilaciones había tomado la decisión que buscaba: iría a la cueva de Hun Chavín.

Subió a una lomita hasta donde se encontraba una mata de copal cubierta de pequeños frutos verdes que servían de alimento a chinitas y chinchibules así como a otras aves que gorjeaban picoteando cabeza abajo por entre sus hojas.

Odió el espectáculo.

La planta mostraba grandes nudosidades y lastimaduras por donde escurrían petrificados gruesos goterones de resina perfumada, que a otro cualquiera le hubiera advertido que había sido ordeñada para sahumerios y hechicerías. Pedro, ajeno a tales cuestiones, se limitó a observar el ambiente calmo y oloroso del incienso que rodeaba al copal, aunque ello atrajera el recuerdo de la niña y le doliera.

Sin duda era el lugar que buscaba para rastrear alguna otra vereda que le indicara cómo llegar a la cueva; así que apoyó cabeza y espalda en el tronco.

Al hacerlo se dijo:

—No volvió a verme ni una sola vez más, ni siquiera contestó mi saludo la otra tarde cuando la esperaba a la salida del colegio de las madres... —y sin advertir el peligro, puso una de sus manos entre las ramas del árbol y cerró los ojos.

Mucho tiempo después —Pedro nunca lo sabría—, sin poder ordenar sus pensamientos ni tener noción del tiempo ni del lugar en que se encontraba, intentaría con dificultad abrir los párpados. Tardaría en darse cuenta que sus pestañas estaban unidas por una sustancia pegajosa.

—¡Lagañas! —se dijo—. Tengo mal de ojo —y recordó al momento dos gotas de limón directas a la pupila, remedio inolvidable.

Hizo un nuevo esfuerzo y logró abrir el ojo izquierdo casi por completo. Quiso frotarse el otro con las manos y sintió que sus brazos estaban pesados. Al mismo tiempo notó que la lengua no le cabía en la boca. Tenía la sensación de estar flotando. Intentó de nuevo y logró abrirlos apenas lo suficiente para no ser deslumbrado por la claridad de un sol limpio de nubes... Tardó en darse cuenta que todo a su alrededor había cambiado.

El paisaje ahora era magnífico. Desde su posición dominante en el cerro Junchavín, Pedro podía admirar, por sobre la copa de los árboles y bajo un manto de nubes, un tupido bosque acariciado por la luz del sol que mostraba el verdor cambiante de miles de hojas siguiendo el juego del viento. Un sol lejano y tibio se dejaba ver ajeno al cielo que mostraba a ratos nubes oscuras y en otros un profundo azul inmaculado.

Al fondo, cercana y lejana a la vez —Pedro no podría precisarlo—, podía ver una ciénaga de aguas oscuras y calmas que formaba canales entre árboles huejotes que elevaban sus raíces por sobre el nivel del agua al tiempo que apretaban las ramas a sus troncos, varios metros más arriba, para disputarse entre sí los pocos rayos de sol que lograban atravesar la espesura. Por entre ellos navegaban en una canoa, hecha solamente del tronco de un árbol, dos hombres que vestían túnicas blancas y que pescaban utilizando lanzas de palos quemados como arpones. Por las orillas lodosas hocicaban jabalíes, pastaban venados cola blanca y se revolcaban tapires sin que, al parecer, pusieran mayor cuidado por sus posibles cazadores. Alrededor del lugar en que se encontraba recostado, crecían grandes líquenes por entre verde musgo y estaba rodeado de gruesos troncos de pinos por lo que yacía sobre un colchón de hojarasca. Esparcidas a su alrededor se encontraban también multitud de piñas, algunas hojas marchitas de encinos, de robles y de aquellas plateadas del liquidámbar. El árbol de copal que le servía de apoyo era ahora un árbol joven, su tronco, sin embargo, aparecía golpeado y su corteza separada en forma que permitiera el escurrimiento de su resina. Frente a este, al amparo del ambiente cálido y húmedo del subtrópico, crecía, aprisionando el tallo de otro arbusto, una liana y por entre sus hojas grandes y verdes se abría paso el tan buscado musgo, salpicado de hojas secas de pinos y florecidas otras pequeñas plantas también parásitas.

—¡Es musgo! —pareció recordar Pedro y se incorporó para ir a recogerlo—. ¿Musgo? —se dijo—. ¿Para qué?

Una tarántula dorada aparecía camuflada entre las hojas de pino y el musgo, clavaba sobre él sus dos ojillos principales, tenía las patas retrotraídas sobre su panza y toda ella parecía lista a saltar.

Pedro se sintió extrañamente confundido entre dos impulsos: uno, averiguar, ¿qué hacía él en este bosque? Y el otro, ceder al deseo de aplastar a la araña con un garrote o utilizar su honda para matarla de una pedrada antes de que esta se decidiera a ser la que atacara...

Sin decidirse, apartó la vista del arácnido con el pretexto de dirigirse hacia donde le parecía había otros árboles con musgo, pues finalmente era eso lo que había ido a buscar...

Viendo la araña le sobrevino un instante de confusión. Sin saber lo que hacía, cerrando los ojos, Pedro terminó la misma frase, entre dientes, dicha (¿ese día?) a medias por Aurelia, su nana, durante el desayuno apenas horas antes:

—Es hora que conozcás a tu Nagu... al —completó y se preguntó: ¿la araña?

A ojos cerrados, reflejada en su retina, creyó ver la imagen distorsionada de la araña agazapada y expectante entre el musgo y la liana. Alterado por esta visión afloró sin aparente relación el recuerdo de su nana (¿esta mañana?). Podía verla despedirse de él con su cara pintada de rosa, de rojo las mejillas y la boca, en nada semejantes a su rostro moreno y de suyo alegre y bondadoso. Sin proponérselo, la asoció con la muñeca de madera encontrada en el tapanco la noche anterior.

"¿Qué tendría que ver todo esto con una araña?" se preguntó y al momento caminó a un claro en el bosque, lejos del arbusto y de la liana, pero sobre todo lejos de la araña.

—Busco musgo —dijo, para luego encaminarse a otro lugar, una pequeña arboleda.

Al hacerlo volvió lentamente la cabeza evitando separar la vista de la araña; entonces sucedió algo extraordinario: la imagen distorsionada del animal en su retina pareció moverse en el mismo sentido de su giro, para luego situarse justo ahí, donde esperaba encontrar el musgo que buscaba.

Al terminar el giro, la imagen también se detuvo, pero esta vez advirtió en su lugar a un indígena que se hallaba sentado a la sombra de uno de aquellos arbustos.

Sorprendido, pasó sus ojos repetidamente del lugar donde momentos antes había visto a la araña al sitio en que se encontraba el indígena, lo hizo una y otra vez sin poder encontrarla.

Sin atinar a explicarse la desaparición de la araña y la presencia de aquel personaje, solo acertó a saludar mitad en tojolabal.

—San tat...

Al responder, el hombre preguntó a su vez, igual, mezclando lengua y castilla:

—Soy Pancho, ¿qué hace aquí el cajual?

Lo dijo en tono familiar sin abandonar su postura acurrucada y en tanto se movía acompasadamente trasladando el peso de su abultado abdomen de una pierna a otra; balanceaba su cuerpo sobre sus piernas retrotraídas sin dejar de ver a Pedro, clavando sobre él sus dos pequeños ojos cafés, tal como momentos antes había hecho la tarántula.

Pareció sonreír...

Pedro, confundido por lo inesperado del encuentro, trató de calmarse y observar mejor la imagen del personaje, intentando reconocerlo. ¿Había visto alguna vez ese rostro?

Le extrañó el tono rojizo de la piel, que encontró ligeramente dorado parecido a... ¿la araña?

La sola idea de asociar al hombre con la araña recién vista, hizo que Pedro sintiera como si un rayo recorriera su espalda. Sacudió la cabeza en un intento de huir de aquella imagen irracional e hizo un esfuerzo para continuar observando a su inesperado acompañante.

El pelo negro y abundante de aquel hombre le crecía a partir de la mitad de la cabeza, por lo que ofrecía la apariencia de poseer una frente más amplia de lo que en realidad la tenía; esta se interrumpía en la nariz afilada y aguileña. Al momento se dibujaba en su rostro una ligera sonrisa como de complacencia que a Pedro le resultó desagradable.

Apartó la mirada para observar la vestimenta, estaba cubierto por una túnica blanca de algodón y un collar de cuentas verdes le caía hasta la cintura. Lucía brazaletes de piedras verdes como jade desde la mitad del brazo hasta las muñecas y en las manos sostenía, a manera de amuleto, una fajilla tejida y rematada en una cinta de apariencia pesada.

Le tranquilizó no encontrar nada en la vestimenta del individuo que le recordara a la muñeca. No obstante, Pedro tuvo la sensación de que el personaje no le era totalmente desconocido.

Muy probablemente el hombre se sintió incómodo por sentirse observado, aunque sin perder el aplomo se incorporó y al mismo tiempo dijo:

—Soy Pancho, niño. Pancho Vendaño —lo repitió como esperando ser reconocido.

Por más que se esforzaba, Pedro no podría decir que conocía a ese hombre, no recordaba haber visto a alguien con esa indumentaria, sin embargo, sus rasgos puramente indígenas le recordaban a alguien visto dentro de la escena familiar años atrás; no recordaba cuándo.

En tanto el nombrado Pancho Vendaño permanecía frente a Pedro, parado casi inmóvil, al punto que a Pedro le pareció que había estado ahí siempre, como los árboles, como las rocas, como el cerro, como... la muñeca entre sus manos, como la araña entre la juncia...

Otra vez, advirtió Pedro, se entremezclan la figura de la araña, el recuerdo de la muñeca de madera y el pensamiento perturbador acusando a Aurelia, su nana.

Sacudió la cabeza.

El hombre debió notar el movimiento involuntario, rompió el silencio embarazoso que se había formado e insistió con urgencia:

—¿Qué hace aquí el patroncito, el cajual?

Absorto en sus reflexiones, la pregunta tomó por sorpresa a Pedro.

—Busco la cueva, busco al guardián, a Hun Chavín —respondió Pedro, olvidándose del musgo, el laurel y todo lo demás ya que ahora le parecía solo un pretexto.

Casi de inmediato, pero sin poder superar la extrañeza de su propia respuesta, agregó:

—La cueva del cerro Junchavín.

Esta vez con mayor convicción, cambiando lo que hasta hacía un momento había sido el verdadero propósito de su estancia en el lugar e intentando recuperar la iniciativa preguntó:

—Pancho Vendaño, ¿quién eres?

Como si hubiera conocido de antemano la pregunta, el personaje, eludiendo la respuesta, giró sobre sí mismo al mismo tiempo que, con tono sosegado pero firme, dijo:

—¿Ah, la cueva del agua...? *Venga'sté* conmigo.

Dando un pequeño giro sobre sus pies, agregó:

—Ya lo dije, soy Pancho Vendaño, vos y yo somos uno, soy tu... Nahual.

Lo afirmó con gran familiaridad y aplomo, de tal suerte que al momento de emprender la caminata estaba seguro de que Pedro lo seguiría. En efecto, Pedro se dejó conducir sin oponer la menor resistencia, no obstante que la respuesta en nada le podía tranquilizar.

El sendero que se ofrecía ante él era demasiado estrecho y se abría paso por entre líquenes y matorrales de zarzamoras; tan angosto, que apenas permitía el paso de una persona a la vez y por ahí se encaminaron, uno tras otro, evitando resbalar a cada momento en el lodo del camino.

Pedro se dejaba guiar sin intentar averiguar por qué. Se sentía a gusto en compañía de quien en verdad le era totalmente ajeno, aunque se preguntó:

—¿Qué habría querido decir con aquello de "vos y yo somos uno"?

Sin atinar a dar con una respuesta aceptable, no reparó siquiera en la ausencia de su hermano, de don Chemingo o de

Tonito, sus compañeros, y ni al parecer recordaba el verdadero propósito que le había traído al cerro del Junchavín.

En su abstracción, tampoco pareció notar el extraordinario cambio del paisaje, ahora tan distinto al que había encontrado apenas unas horas antes cuando había llegado al lugar.

A poco de caminar, el clima empezó a cambiar: del calor suave y luminoso de un cielo azul a la luz mortecina, difusa y tenue acompañada de un aire fresco, más propios de la tarde-noche. Finalmente Pedro lo advirtió.

—Está a punto de anochecer —dijo para sí, sin que en ello le moviera preocupación alguna.

—No deberían sorprenderte —dijo su guía.

—¿Qué? —preguntó Pedro.

—Los cambios en el tiempo.

Creyó escuchar la voz en su interior, pero sin dar importancia al hecho continuó caminando, siempre precedido de su guía hasta que la parte boscosa dejó paso a una serie de lomas y pequeños valles cubiertos de matorrales sin vegetación de altura que obstruyera el paso, por lo que pronto, al ir bajando por una hondonada, se hallaron frente a lo que parecía que el guía estaba buscando. Se trataba de una sólida construcción de piedra y argamasa que básicamente enmarcaba una entrada rectangular.

El conjunto se encontraba no lejos del cerro Junchavín donde momentos antes habían estado. Debía medir cosa de tres o cuatro metros y medio a lo ancho y tendría poco más de tres metros de alto; estaba construido de cal y canto.

Pedro observó con mayor detenimiento la extraña construcción veinte centímetros por encima del claro de la puerta; por arriba de esta podía verse una cresta formada de pilastras a manera de balaustrada de más de un metro de alto y a todo lo ancho, lo cual la hacía lucir más alta.

Sin saber decir por qué, aquel adorno le recordó la cresta que había observado al llegar a la casona de Pancho Vendaño, el Chilam, el hombre de poder, como había dicho Chemingo.

El portal señalaba la entrada a la cueva que eventualmente conduciría a la corriente subterránea del Junchavín; estaba parcialmente obstruida por una enorme piedra vertical, una estela.

Había caído la noche y se encontraban parados frente a la entrada de la cueva. Una bocanada de aire fresco golpeó los rostros de Pedro y de su guía; ambos miraron al frente: estaban al borde de un acantilado.

—Aquí se encuentra Balumkacnan —insistió su acompañante.

—¿Balumkanan...? No existe...

No lejos del lugar, a pocos pasos de la entrada de la cueva, ardía una fogata que alguien debió encender previamente en un espacio pequeño libre de maleza. Sentado junto a esta se hallaba otro individuo de alguna manera parecido a su guía.

Cuando hubieron llegado al lugar, sin saber por qué, Pedro se aventuró a decir:

—Maestro.

El nuevo acompañante estaba sentado a pocos metros de un costado del edificio que enmarcaba la entrada a la cueva; parecía ignorar la presencia del abismo que Pedro y su acompañante habían advertido al llegar.

El rostro del nuevo personaje era oval y, como su guía, vestía, aparte de la faldilla, una especie de chaleco que caía sobre hombros y espalda, cruzado por dos entorchados que colgaban de los hombros hasta la costura del chaleco, rodeaba su cuello un collar de cuentas verdes de jade. El conjunto recordaba la apariencia de un sacerdote de algún culto.

La fogata iluminaba a contraluz con llamaradas cambiantes de colores —azules en el inicio, rojas en el centro y amarillo vibrante al final— la silueta de aquel hombre.

Pedro, fascinado por el juego cambiante de las llamas, observaba los colores que, movidos por el aire, se alargaban antes de perderse en lo oscuro de la noche. En un momento la fogata pareció cobrar vida y dejó escapar multitud de chispas, a la vez que esparcía el perfume inconfundible del copal.

—¿Quién eres? —interrogó Pedro a aquel que momentos antes había llamado Maestro.

Como respuesta, el hombre acercó su rostro a la estela junto a la entrada de la cueva.

Pedro siguió con la mirada su movimiento. En la piedra estaba grabado un signo que afectaba la forma de una cabeza humana con una boca desmesuradamente abierta de la que escapaba una línea punteada que se elevaba por encima de la figura.

—Soy un hombre de poder, por mí hablan los dioses. Como habrás advertido, soy capaz de trasmitir directamente mi pensamiento a los vivos...

El extraño interrumpió sus palabras en actitud de escuchar, pero Pedro y su acompañante nada dijeron, así que continuó:

—Te engañas. Balumkacnan existe. El tiempo siempre completa sus ciclos, lo que es concebido ya ha nacido, ya es. El pensamiento es el que crea, la materia solo obedece...

El Chilam lo dijo con gran naturalidad, tal como si se tratara de señalar un hecho bien conocido a un niño.

La noche había cerrado y hacía frío. Aquel hombre hizo un ademán para que se sentaran.

Pedro obedeció al gesto y una vez sentado frente a la hoguera sintió su ánimo tranquilo, sin deseos de analizar, de pensar o de discernir; al final terminó por aceptar como cierto lo que había oído.

En ese estado de aparente abandono, únicamente la luz demasiado brillante de la hoguera perturbaba su ánimo; intentó abrir los párpados.

La luz de la hoguera se le metió por los ojos taladrando su cerebro; al punto estalló en su cabeza, con dolor, un mundo de miles de chispas multicolores.

Trató de incorporarse y sus piernas y brazos estaban dormidos; quiso gritar y la lengua no le cabía en la boca.

El sueño había terminado.

El agua golpeó la cara de Pedro y en sus ojos se formaron un ciento de arcoíris; era difícil saber si estaban dentro o fuera de su cabeza. Oía voces, pero no comprendía lo que decían, ¿qué era eso de estar insolado? ¿Le había picado una araña casampulga o mordido un falso coralillo? Y finalmente: ¿con qué le frotaban los ojos: agua, jabón...?

El dolor se instaló, en forma punzante, en la parte posterior de la cabeza de Pedro; no obstante, en tanto no se moviera demasiado o intentara abrir los ojos, le resultaba soportable, por eso permaneció quieto y con los ojos cerrados cuando escuchó que le decían:

—¡Te lo dije! Clarito te lo dije que no te fueras a perder, que no te alejaras de mí. A ver, *pa'qué* te *juiste* a tirar *dialtiro* en el mero sol, muchachito perdulario, ¿qué, si no llegamos...? No contás el cuento.

Poco a poco la voz se iba adecuando a la imagen que tenía frente a sí. Al final, a Pedro no le quedó duda: era Chemingo el que hablaba en tanto agitaba frente a su cara su viejo sombrero de paja.

Lo siguiente que advirtió fue que era cargado por cuatro hombres en una parihuela improvisada con ramas de laurel, entre ellos iba su hermano Julio, y que no podría decir adónde lo llevaban ni desde cuándo, ¿una hora, dos...?

Lo cierto es que, tiempo después, lo primero que pudo recordar claramente fue que lo depositaron en el mostrador de una tiendita de las que había visto a la entrada del pueblo, en las primeras calles de Comitán; de ahí el hijo de Chemingo había partido corriendo en busca de un carro de alquiler para llevar a Pedro al doctor.

Ya instalado sobre el mostrador, Julio y Chemingo se quedaron a cuidarlo y aplicarle compresa tras compresa de agua fría en la frente.

En su improvisado lecho, Pedro había recuperado la conciencia de sí mismo y con ella su sentido de pertenencia; supo entonces cuánto quería a sus hermanos, a sus amigos y a su pueblo. Descubrió algo más: podía disfrazar un poco el dolor a condición de no permitir que la luz penetrara por sus ojos y poner su atención en otro lugar que no fuera el dolor en su cabeza. Por ello intentó ver en su interior lo que ocurría en una tarde cualquiera en su pueblo. Contempló, de esa suerte, el deambular de los transeúntes cotidianos por las banquetas de lajas, a los carreteros guiar bueyes cansinos por las calles empedradas de la ciudad, trepados sobre la carreta y por encima de la carga de maíz y todavía los escuchó engrosar la voz para decir sus órdenes perentorias: "Quieto, Canelo", "media vuelta, Camarón"; o, a caballo, a los arrieros gritar a todo pulmón: "Aaarre, mula puta..." para acicatear a los pataches cargados del mismo cereal, de sal, café, panela, frijol, etc., con destino a Tuxtla, San Cristóbal o Arriaga.

En este punto, acaso por asociación de ideas, una figura llenó por completo la imagen mental: creyó ver a un hombre cargando un tercio de zacate verdaderamente enorme y escuchar voces familiares que decían:

—¿Ya *miró'sté* ese indio tojolabal cómo lleva los manojos de cruzados, dizque *pa'que* se haga más bulto?

Una segunda voz respondió:

—*I'day, pué*, así son de ladinos estos indios junes.

En el pesebre, machos y mulas se atropellaban disputándose el zacate recién cortado. En el patio de la casa de correos se amontonaban pilas de fardos tricolores de lona pertenecientes al correo que contenían cartas, periódicos y revistas que traían noticias del mundo amplio y ajeno; esperados con ansiedad por todos, pues era la forma regular de enterarse de parientes radicados en lugares lejanos. Las noticias podrían ser buenas o malas, pero siempre mejores que el silencio expectante, el limbo del no saber, pensó tristemente sin poder evitar intentar abrir los ojos. No pudo.

Otra vez se refugió en su repaso imaginario y por su mente apareció el vendedor de nieve con su pregón: "Nieve de melón, de grosella, de limón y de chabacano" y con este la imagen del buen Belisario que empujaba su carrito de paletas frente a su escuela a la hora del recreo.

En un esfuerzo más sin intentar abrir los ojos, pudo ver a varios burros cargar en arnés especial cuatro barriles de agua cada uno; la acarreaban desde La Pila, junto a la iglesia de san Caralampio, para después llevarla a vender de casa en casa por todo el pueblo; otros burros, enjaezados con arquillos y separadores de madera, anunciaban con su tintineo acompasado botellas de sifones, gaseosas o sidritas de colores de la fábrica de refrescos de don Jorge Soto; y por el rumbo de la Cruz Grande, burros y mulas arrastraban madera en tablas, polines, vigas, tejamaniles, leña, labrados con hacha o pesados bultos de carbón. Con ello mantenía sus pensamientos lejos de sí mismo para lograr que el dolor disminuyera y así olvidar que la lengua no le cabía en la boca, que sus brazos y pies estaban entumidos y que no podía evitar que el filo de la ranura de la tabla del mostrador en que se encontraba acostado se le clavara en la espalda.

Por eso escuchó complacido el ruido de los cascos de varios caballos que caminaban sobre el empedrado; se regocijó al imaginarlos: alazanes, tordillos y retintos; todos ricamente enjaezados luciendo, los más, monturas inglesas, y charra la de don Rogelio Román que mostraba además sendos chapetones de plata. No podía verlos, pero los escuchaba al trote por las calles.

—¿Qué hacen a deshoras los jinetes del pueblo? —se preguntó.

Finalmente escuchó anunciarse, al llegar hasta el portal de la tiendita en que se encontraba, el coche de alquiler de Zavala con su clásico *leru-lerurle*.

La maniobra de hacerlo entrar fue sencilla y no le reportó mayor molestia; ya en su interior alcanzó a escuchar lo que decía alguien de la tropa de jinetes:

—... no me puedo imaginar qué pudo estar haciendo Patricio Pulido en la cueva del Junchavín. Ni modo que buscando agua... Pues ahí se murió Patricio, él descubrió la cueva, él encontró el agua y, colorín colorado, se acabó el cuento, ya no hay más que decir de la cueva del tío Ticho.

El carro llegó al fin a su destino: el consultorio del doctor Alfonso. Ahí los estaban esperando Rubén y Sara; dentro reinaba un total silencio.

Con gran cuidado, el doctor revisó a Pedro. No pudo encontrar rastro de golpes, moretones o mordeduras. No obstante, Pedro tenía los labios hinchados y ligeramente amoratados en los bordes, la lengua entumecida y la piel en las mejillas lucía roja y se habían levantado algunas ampollas. Para revisar los ojos, abrió cuidadosamente los párpados y con una pequeña linterna examinó el interior de cada uno de ellos; al cabo de algunos minutos declaró:

—Creo que no hay lesión en las córneas, pero... —añadió dubitativo— las pupilas están muy dilatadas.

Luego, volviéndose hacia Rubén, en voz más baja le dijo:

—Me preocupa lo inflamado de los párpados y la dilatación de las pupilas, pero más la exposición al sol que pudo haber dañado la retina. Por el momento no lo podemos saber, solo hasta cuando pueda abrir los ojos por sí mismo, entre tanto, tendré que vendárselos por un tiempo.

Finalmente concluyó:

—Por lo morado de los labios y lo dilatado de las pupilas parece que hubiera sido picado por un alacrán o araña, si es así, habrá tenido alucinaciones. No creo que haya sido algo peor. Ya lo revisé y no encuentro en ningún lugar picadura o mordida de culebra. Lo peor, en todo caso, ya pasó. De todas formas le voy a mandar esta receta.

Garrapateó la pluma fuente en el papel recetario y apuntó:

Argirol, nitrato de plata al 0.5 mg. Aplicar tres gotas en cada ojo por la mañana y por la noche. Tomar cinco gotas de extracto de raíz de cura-rinaal 0.2 mg disueltas en un vaso con agua destilada y hervida. Solo por las mañanas hasta que disminuya el ardor y ceda la inflamación. Surtir la receta en la farmacia María Auxiliadora. P. C.

Y dirigiéndose a Pedro le dijo:

—Tendrás que guardar cama por algunos días y mantener los ojos vendados, así que aunque puedas caminar no te levantes. Luego vendré a verte.

Ya en su lecho de enfermo escuchó a sus hermanos, en lo que fuera la sala de la abuela, entretenerse acomodando todos los personajes de la historia bíblica en el nacimiento hecho con musgo, heno, laurel y figuritas. Todo era regocijo, se acercaba la Navidad.

Lo que Pedro no podía ver ni oír era que Aurelia, su nana, ajena a todo festejo, repasaba cuentas de los jarritos de medicinas en la alacena de la cocina, en el rellano de la pared: bejuco de tres filos para la inflamación en vías urinarias; corteza de caulote para infecciones intestinales; tronadora —pichichej— se toma como agua de tiempo, regula la glucosa en la sangre; cola de macho, recoger por las noches cerca de los pantanos (diurético), tomarlo en infusión; raíz de granada agria —vermífugo— para arrojar lombrices; raíz de curarina, desinflamatorio, calma el dolor; orín de carga botija untado para quitar los mezquinos.

Apartado en un rincón, un frasco blanco de farmacia estaba marcado con papel viejo y letra manuscrita y se leía:

Ingredientes bebida colorada. Se da contra los sueños por picadura de casampulga. Jugo de flor adormidera, ruibarbo, madre de perla, coral rubio, bulbo y semillas de flor de corazón, raspaduras de pezuña de la gran bestia. Modo de preparación: se revuelve todo y se machaca en el molcajete con agua de achiote y se toma como té.

Terminado el inventario, Aurelia fue a acomodar las almohadas, a despedirse de Pedro y desearle buenas noches.

Así terminó para Pedro aquel martes dieciséis de diciembre del año de 1941, día en que iniciaron las fiestas navideñas en casa de sus padres; fecha en que por primera vez viajó en calidad de pasajero en un coche de alquiler.

Entrada al inframundo

Navidad

Con motivo de la Navidad, hasta el amplio corredor frente a las habitaciones había sido regado con olorosa juncia.

El rincón de la sala vieja donde se escenificaba el nacimiento lucía poblado de ramas de laurel semejando un tupido bosque; a sus pies se erguían pequeños "montes" —ollas cubiertas con la verdura del musgo recién cortado—, bosques de "pinos" —pequeñas ramitas—, "valles y despeñaderos" —papel de estraza decorado con pintura de agua— por donde escurrían "arroyuelos" —papel celofán arrugado— que daban frescura a la cuevita que servía de refugio a los animales domésticos —la mula y el buey— en el portal de Belén, cuna del Redentor.

Más abajo, el paisaje cambiaba dando paso al desierto que se poblaba de palmeras y dátiles de barro. Ahí, un pedazo de reluciente espejo semejaba un oasis y por él nadaban nidadas de patos. No lejos del lugar, en la arena dorada del falso desierto, montaban guardia dos árabes —uno de ellos manco, el otro empuñando un cayado desaparecido— junto a una fogata simulada con relumbrantes lentejuelas rojas; más allá, cercano a donde termina la arena y empieza el lugar sagrado, podían verse triscar verde musgo multitud de ovejas que volteaban curiosas hacia donde habría de nacer el Redentor.

A todo esto, su hermano mayor había cortado un pedazo de duela del tapanco justo encima de la rama más grande del laurel, por arriba del nacimiento. Había preparado una sorpresa para el momento en que los "santos peregrinos" —sus seis hermanos, sus dos hermanas, sus dos primos y los amigos de cada uno de ellos— se arrodillaron frente al Niño Dios y la sagrada familia, entonces, ¡oh, prodigio!, aparecería una estrella de papel de china con luz propia que iluminaría la escena.

Sucedido esto se pudo ver el pueblo de Belén, un Belén criollo construido de casas de cartón con techo de azotea, algunas otras, las más, con tejado de dos aguas —simulando la teja con papel de empaque pintado de rojo orchila— y no pocas con "paredes" hechas con tallos de dorada paja silvestre y techos de palma utilizando la flor de la propia paja.

Alumbrados por el foco luminoso de la estrella de papel de china, se podían ver, muy cercanos a donde se encontraba el nacimiento del Redentor, hombres, mujeres y niños —representados por muñecos de barro pintado con vivos colores— que en vez de camellos cuidaban burros y pollos y que, habiendo trocado túnicas y velos, cubrían sus cuerpos morenos con pantalones de manta —ellos— y con coloridas blusas bordadas con grecas verdes, rosas, celestes o rojas —ellas—, afanados todos en un trajín de vendimia de lienzos y frituras. ¡El Belén que vio nacer a Jesús no pudo haber sido más hermoso!

Ahora, gracias al milagro de la luz eléctrica, todos al instante se enteraron de la buena nueva, todos en el fingido pueblo de

Belén lo saben. ¡Vamos, pastores! ¡Vamos a Belén, a adorar al niño que ha nacido ya!

En ese auténtico escenario navideño comiteco, los niños y niñas en casa de los padres de Pedro escucharon a una gentil damita entonar a capela "Gloria a Dios". Todos estaban felices bajo el prodigio de la luz del celestial lucero de Navidad.

Más tarde se cantarían villancicos, se quebraría la piñata rellena de frutas y dulces, se comerían tamalitos de dulce y buñuelos, hojuelas rociadas con miel virgen, y se bebería ponche de frutas con manzanas, guayabas y trocitos de caña, todo cocido y endulzado con miel ligera de piloncillo.

Pedro, desde su cuarto, escuchaba la algarabía mientras bebía sorbito a sorbito su medicina.

Entre tanto, en la parte posterior de la casa, muy lejos de donde se encontraba recuperándose Pedro, en las habitaciones destinadas a la servidumbre cercanas al cuarto de aperos en el traspatio, Aurelia sostenía una extraña conversación. Ronca la voz se escuchaba desde el fondo de la habitación alumbrada por la luz mortecina de una vela.

—No es bueno llorar... —decía la voz.

—Mi niño no se va morir... —gemía Aurelia.

—Dejate ya de lloriqueos vos, Aurelia, él, *que's* primero entre los hunes, ha dicho: "Yo lo quiero volver". Así lo ha pedido su renacimiento, así lo ha invocado el Chilam en la cueva del Junchavín. Allí donde *dialtiro* se abre la tierra, *'on'tá* el río... Tu niño no tiene que morir, ¿no lo *oyiste*?, ya lo habló el Chilam, ya hasta tiene la mujer paridora, ya *'tá* lista su matriz *p'a* recibir el almita.

—No decís *verdá*, querés que mi niño va morir... —repitió Aurelia, esta vez llorando con más fuerza.

—'*Tate* sosiega, Aurelia, no es bueno llorar cuando la muerte se acerca, no llorés agora, guardá tus lágrimas *p'a* después...

—'*Tás* diciendo que voy llorar cuando mi niño muera...

—'*Toy* diciendo que debes esperar... no lo mirás que, si lo vas llorar agora, tu llanto puede detener su alma en esta tierra y no gozará de la gloria del Señor...

—Mi niño nació para vivir primero, no tan luego va morir...

— *I'day*, no lo sabés, ¿no te lo dijeron en la doctrina?, cada niño que muere es un voto para sus padres en la gloria de Dios y a la gloria va dar y ahí será devuelto a sus papás. No es bueno que le llorés ya *desdioy*...

—No, '*toy* llorando...

—No vas llorar agora, no mirás que tus lágrimas humedecen el camino del alma y la retienen en este valle de lágrimas, como dice el doctrinero *que's que's* igual el río de agua dentro la tierra '*on'tán* los descarnados... como lo va *dicir* el difunto tata Benito.

—Callate tu boca, vos Chico...

—Chicos son los zapotes, panchos son los monos, Francisco Vendaño Trujío me llamo yo.

Aurelia tomó la punta de su chal y se sonó ruidosamente; volvió a llorar.

—No me *oyites* que no vas llorar, tus lágrimas solo van atrasar su entrada a la gloria... Acordate: un niño llega al cielo rápidamente, por eso no lo llorés desde ora, no lo llorés cuando muera... Es bueno llorar cuando pase la novena, más seguro, cuando cumpla los diez días ya de muerto y mirá: de día vas llorar, pero vas tragar tus lágrimas y con lágrimas vas preparar tu comida, pero no vas probar bocado, vas guardar el santo ayuno, solo de noche vas poder gritar tu dolor, ansina está escrito, ansina es la costumbre...

—*Que's que* seré la llorona... vos, cabrón. Bien lo sabés, los patrones, sus papás, nada saben que vos *juites* su Nahual... Yo misma te *jui* a buscar la araña al patio de atrás *p'a* que te viera primero cuando nació. Vos sos su Nahual, vos tenés que cuidarlo, sos su padrino y ora te lo querés llevar... Vos, Chico, Pancho Araña, tenés el alma ruin...

—Soy Vendaño, soy mono, soy Trujío, soy araña, bien lo sabés...

—Yo sé quién sos, ora lo sé.

En la penumbra del cuarto se quebraba la voz de Aurelia.

Muy ajenos a todo lo que pasaba, a pocos pasos dentro de la casa, en la sala de quien en vida había sido la abuela y donde estaba representado el nacimiento, los niños terminaron de acostar al Niño Dios en procesión de velitas, una que otra luz de bengala y cántico de villancicos.

Terminado el momento de oración y con la última avemaría aún en la boca, todos corrieron al patio donde les esperaba colgada una piñata grande, panzuda, rellena de frutas y dulces extranjeros, a la que los artesanos, intencional o por mera ignorancia, habían olvidado poner los siete picos premonitorios.

En su niñez ellos no lo sabían, pero igual que en el juego iniciático, pronto se enfrentarían a los siete demonios capitales.

Así que, uno por uno, y con los ojos bien tapados con un pañuelo —la inocencia—, agarrando fuerte el garrote —la fe— se dejaban guiar por una de las niñas mayores que, sin sospecharlo siquiera y siguiendo las reglas del juego, se esmeraba en darles vueltas y vueltas a fin de desorientarlos —perderlos—, ellas, mujeres al fin, representaban al mundo, al demonio y a la carne, en una palabra: a la vida; ella, inocente, ignorando su verdadero papel, procuraba desorientarlos para que no pudieran encontrar el camino a donde se encontraba la piñata —la gloria—.

En tanto, el grupo —la sociedad encabezada por la Iglesia— había formado una rueda bailando alrededor de la piñata y cantado un estribillo: "No quiero oro ni quiero plata, yo lo que quiero es quebrar la piñata...", advirtiendo a los niños y niñas sobre los riesgos de una ambición desmedida y guiándolos con su canto para que encuentren la gloria.

Cuando el niño blandiendo el garrote encontraba el camino y se acercaba a la piñata, el coro cantaba animándolo: "Dale, dale, dale, no pierdas el tino, porque si lo pierdes, pierdes el camino...", aconsejando al jugador para ayudarlo a vencer a los siete demonios capitales y quebrar la piñata en el tiempo que duraba su turno en el juego, en la realidad premonitoria, el tiempo de su vida.

Las manos del maloso mueven de manera incesante la piñata a cada chico, mientras el coro cuenta inflexible —como la vida o como la muerte—: "¡Ya le diste una, ya le diste dos, ya le diste tres y tu tiempo se acabó!".

Si el chico tenía éxito y quebraba la piñata, obtenía un anticipo de la gloria en la tierra y la sociedad se vería beneficiada. Todos los niños podían comer gratis frutas y dulces... Si no, habría fallado, habría perdido su turno y era retirado del juego;

otro ocuparía su lugar y se cumpliría el juicio inapelable: bueno es, malo es... ¡Los sarmientos sin frutos arderán en la hornilla eterna!

Con el triunfo de uno solo de ellos al quebrar la piñata el juego terminaba y todos participaban de la gloria.

Pedro estaba en su cuarto y, como los demás niños que jugaban alegremente, desconocía el sentido oculto del juego. Él se limitaba a escuchar los cánticos en el patio: "Dale, dale, dale..." —los niños gritando a coro— "... no pierdas el tino, porque si lo pierdes, pierdes el camino...".

Era una tarantela que se repetía y se repetía con cada uno de los chicos en turno.

Encerrado en su cuarto, en su lecho de enfermo y sin poder participar en los juegos, Pedro estaba adormecido por los cánticos cercanos. Él no lo sabía, pero en el cuarto de su nana se jugaba un juego en el que no podía fallar.

El diálogo entre el llamado Mono Araña y Aurelia continuaba.

Aurelia, angustiada, suplicaba impotente:

—¡Nooo...! Mi niño no morirá, vos, Pancho Araña... antes yo misma te voy tirar panza *p'a* arriba a las llamas del fogón, te voy quemar con cal de nixtamal.

Su voz se ahogaba en la oscuridad de la habitación cerrada; sin detenerse a esperar la respuesta a su amenaza, ni por un instante, Aurelia salió precipitada al patio en busca del Nahual, su igual, dispuesta a cumplir su palabra.

En el cuarto, la flama de la vela se había agitado por el aire que entró por la puerta a la salida de Aurelia; apenas iluminó el rostro de un hombre sentado sobre sus piernas cruzadas y con los brazos y manos en actitud de oración. La luz de la vela mostró entonces dos ojos semicerrados en una cara barbilampiña que no reflejó emoción alguna cuando dijo:

—Bien lo sabés vos, Aurelia, las arañas se comen sus hijos.

Lo dijo como parte de la oración que, real o fingidamente, parecía musitar automáticamente entre dientes el llamado Pancho Araña.

Desde la habitación donde convalecía Pedro, contigua al despacho de Rubén —un despacho pequeño, amueblado con una silla, un escritorio y un estante con algunos libros—, él podía imaginarse el resto de la casa: empezó por la sala amplia y confortable que podría decirse elegante, con su ajuar de sillones cómodos, grandes y acojinados, su candil de ocho luces y junto a la gran puerta que abate al jardín el negro piano.

Todo permanecía calmo excepto, quizá, por esa pequeña sombra que se movía entre el piano y la puerta.

Sin moverse de su lecho, con su solo pensamiento, Pedro abandonó la sala y fue a recorrer, siguiendo la pequeña sombra, la recámara de sus padres donde estaba la cama de latón dorado, el ropero importado de cedro, el tocador de luna francesa y los burós de madera labrada.

No se sorprendió cuando advirtió en la pintura del techo —que simulaba el cielo con nubes impulsadas por imperceptible brisa— a la misma pequeña sombra; esta ahora recorría la habitación y dando un salto llegó a las cortinas de uno de los dos ventanales que completaba el ala, a la derecha de la habitación.

La sombra, escurriendo su cuerpo, caminó por el corredor contiguo al zaguán, al costado derecho de la casa que iniciaba con el oratorio, un pequeño cuarto ocupado a todo lo ancho por un altar no muy poblado de santos: al centro un Sagrado Corazón; en uno de sus extremos, en su Gólgota, un crucifijo de madera repujada; en el otro, daba la bendición, desde el interior de un capelo de cristal adornado con flores de cera, un Niño Jesús que había permanecido en la familia desde mediados del siglo XIX; por sus adornos, la familia le llamaba Niño Jesús de las Flores.

La sombra recorrió rápidamente el lugar y cruzando el jardín alcanzó por el lado opuesto el comedor; este tenía en su haber una mesa para doce personas, una enorme vitrina en la que se lucía la vajilla ya diezmada de la familia y un reloj de pared. Al cruzar la parte superior del ventanal que colindaba con el patio interior, la sombra dejó al fin ver por completo su forma, un chiwoj, antes de penetrar a las habitaciones de los hijos menores —cuatro en total—, con sus camas y roperos de madera torneada.

La última habitación era la que ocupaba Pedro; daba a un pequeño patio en el que se cultivaban plantas medicinales, epazote, yerbabuena, flor de sauco, ruda, té de limón y manzanilla, entre otros; en el centro se había plantado un macizo de alcatraces —cartuchos— siempre florecientes. Este pequeño patio colindaba con el traspatio y remataba el costado derecho de la casa.

La sombra evitó el patio y siguió avanzando por el otro costado, al frente de la casa, a la izquierda del zaguán, que también contaba con una habitación principal: la "sala vieja", habilitada como lugar de costura, pero que al momento se encontraba ocupada casi por completo por el nacimiento.

La sombra prefirió trepar por un ropero lleno de blancos y saltó a una antigua vitrina negra, a la sazón repleta de estambres.

Rematando la casa estaba la despensa, en la que ocasionalmente se vendía al menudeo maíz, café, frutas de la estación traídas del rancho —principalmente—, panela negra y piloncillo.

La sombra había logrado evitar el costado izquierdo, donde se encontraban las cuatro habitaciones de los hijos mayores —hermanos y hermanas—, con lo que se cerraba el cuadrilátero de la construcción principal y se dirigía a donde se encontraba la habitación de la servidumbre, un cuarto grande con tres o cuatro camas de varas, colchón de palmito, sábanas gruesas de telar de cintura, frazadas de algodón y almohadas rellenas de trapos. Una especie de baúl grande de madera fijado al suelo hacía las veces de ropero común.

Esta habitación no daba a los corredores ni, por supuesto, al jardín central. La puerta de entrada y su pequeña ventana cuadrangular de madera daban al huerto contiguo a la habitación de Pedro y, pared de por medio, a la casa vecina. La sombra ingresó atravesando la pared seguramente por algún agujero a la casa semiderruida de Conchita Soledad, el territorio de Francisco Vendaño, alias el Nahual.

Simultáneamente, pero muy ajeno a todo festejo por el nacimiento del Creador, a esa misma hora, en un lugar muy lejos de la casa de Pedro, en la cueva del Junchavín, se realizaba una ceremonia de invocación al pie de una ruina maya que apenas podía reconocerse como un arco de piedra.

En ese lugar, algunas personas indígenas y mestizos cuarterones habían transpuesto el arco en ruinas al final de una pequeña hondonada, frente a la cual se podía ver una imponente tajada abierta en la roca del cerro que permitía el acceso a su interior. El paso era apenas reconocible por lo estrecho y enmontado, suficiente para que un hombre resbalara su cuerpo y ya en el interior, por entre piedras boludas como cántaros, pudiera hundirse en las entrañas de la madre tierra hasta encontrar, quince o veinte metros abajo, el lecho de un río subterráneo que escarbaba su vientre.

Entre tanto en la superficie, a la luz mortecina de la luna —en ese momento menguante—, algunos danzantes al compás del tambor y la chirimía rodeaban una hoguera y a su paso derramaban sobre sus llamas abundante resina de copal para provocar el éxtasis de los dioses del inframundo.

El personaje principal, el Chilam, tenía sus brazos y manos en actitud de oración, se encontraba sentado sobre sus piernas cruzadas y de espalda a la hoguera, ocupando el centro en la rueda de los danzantes; antes había sangrado su cuerpo en señal de purificación.

En sus rezos invoca a Ixchel —diosa de la luna, del agua y de la fertilidad— y a Yum Cimil —dios de la muerte aparente—. Los invocaba con humo de copal y gotas de su sangre para que el Moan traiga de regreso un alma de entre los muertos purificados, aquellos que habiendo navegado venturosamente el río que atraviesa el universo sublunar, puedan escapar a través de la gran oquedad desde lo profundo de la cueva al pie del Junchavín para resucitar.

El ritmo acompasado de los danzantes se reflejaba en el movimiento vivo de las llamas que iluminaban, dramáticamente, el rostro ensangrentado del Chilam, en tanto que este murmuraba plegarias ininteligibles, implorando que por su intervención y por su boca se hiciera oír la voz de un alma ya purificada suplicando renacer.

En un momento marcado por su rezo, el Chilam abandonó su postura sedente y mostró entre sus manos un sahumerio e hizo reverencia a los cuatro puntos cardinales, los cuatro rumbos del cielo sublunar, las cuatro potencias de los rumbos y en cada uno de ellos rogó a los dioses gemelos, los cuidadores; hizo reverencia al este —rojo—, al oeste —negro—, al norte —blanco— y al sur —amarillo—.

En cada uno de los cuatro rumbos, el Chilam honraba con copal y profundas reverencias a los dioses. Alzaba las manos y la voz al cielo donde están marcados por cuatro luceros dobles los dioses gemelos.

Hizo reverencia a Kinich Ahau —dios de la tierra y el sol— y a Ixchel —diosa de la luna y el agua—.

Hecho lo cual se dirigió al lado opuesto e imploró la protección de Chaac —dios de la lluvia— y de Kukulkan —dios del viento—.

El sacerdote repitió la ceremonia para reverenciar a Yum Kax —dios de la vegetación— y a Ek Chuah —dador del cacao—.

Por último, cerrando los cuatro lados, el Chilam invocó a Itzamná —dios del cielo— y a Yum Cimil —dios de la muerte aparente—.

Estos son los ocho dioses cuyas casas están señaladas en el cielo por cada uno de los cuatro luceros gemelos —que alumbran arriba y abajo alternándose—, uno, el arriba de los cuatro rumbos del universo y el otro, el abajo de los cuatro rumbos de la tierra.

El Chilam pide permiso de esa manera a los ocho dioses nombrados, en tanto guardianes de los cuatro rumbos del universo y de la tierra, para que con su permiso pueda dirigirse al Dios Único que reina en la cúspide de la pirámide universal. Su casa está señalada por la estrella más brillante del firmamento, el noveno lucero, el lucero non.

Respetuosamente, de pie, se colocó en el centro donde ardía la fogata, el lugar del perfecto equilibrio de los cuatro rumbos arriba y de los cuatro rumbos abajo.

Dirigía su pensamiento al lugar sagrado de la deidad suprema en quien todo acaba y en quien todo comienza —la nada y el todo universal—, al Dios que no está en el calendario de los mayas, ni tiene fiesta, ni está representado en la piedra, ni en el pergamino; el Dios Único cuyo nombre no se habla, solo con el pensamiento se dice.

Sobre su cabeza está ahora el Lucero del Cenit y hacia él alza sus brazos y manos suplicantes, en tanto bate con fuerza sus pies descalzos sobre el abajo opuesto y sobre las brasas de la hoguera.

Sabe que en la cúspide de la pirámide opuesta —el nadir— reina la muerte eterna y profunda, el agujero que atrapa la luz y que nadie puede ver. Ningún ser viviente ha vuelto jamás de ese lugar donde reina la muerte eterna, huérfano de luz, no lo alumbra ningún lucero, nadie conoce en verdad a Ah Puch, el oscuro.

El batir de los pies del chamán ha apagado parcialmente la fogata, solamente algunos carbones permanecen ardientes; se unen al frenesí los danzantes que se han agrupado al centro e, imitando al chamán, apagan con los pies desnudos los últimos restos de la fogata; expresan de esa manera su repudio a la muerte profunda, renuncian al lugar opuesto al cenit.

¡Repudian a Ah Puch, el oscuro!

Apagada la hoguera, solamente la luz de la luna alumbra la curva infinita del cielo; en el paraje cabe la entrada hacia las entrañas de la madre tierra, todo está calmo, todo es silencio en la vastedad del firmamento; los participantes y el Chilam permanecen expectantes.

En el tiempo retenido se escucha el palpitar del silencio que sale del tajo sobre la piedra —puerta al inframundo—, muy quedo, casi inaudible al principio, un quejido, después un lloro, un pujido estrujante se arrastra, sale al final por la boca de la cueva convertido en un grito desgarrador.

Se escucha abriéndose paso desde la profundidad de la tierra, se escapa por entre las rendijas de las piedras, por entre las hendiduras de las grietas, resbalándose sobre las piedras boludas desde las aguas mansas por donde discurre el río en el vientre herido de la tierra, allá en sus profundidades, en el reino de los descarnados.

Es un quejido prolongado y doloroso, pero el oído alerta del Chilam advierte que no se oye triste, es solo el grito de dolor profundo y contenido, es el dolor esperanzador, ¡el dolor del parto!

Silencio... el Chilam está escuchando... los danzantes están callados...

Por el espeso silencio se percibe, al principio, apenas audible, impreciso... fuerte y definido después:

—¡El llanto de un niño!

El Moan ha cumplido, ha traído de vuelta a la vida a un alma del mundo de los descarnados.

Es la señal, los danzantes han logrado con su música rítmica de tambor y chirimía, con sus bailes y ruegos, el éxtasis de los nueve dioses guardianes. Estos quedaron embriagados por el aroma del copal, por la danza continua y rítmica, envolvente, festiva a ratos, rogativa y demandante siempre.

Adoran al pájaro Moan que ha traído un alma esclarecida a vivir nuevamente en la tierra.

En ese ambiente de éxtasis cercano al paroxismo, el Chilam lanza un último conjuro:

—¡Oh, Señor, tú, el más excelso! El que habita en el cenit, el punto más elevado en el universo. ¡Oh, tú, el Dios invisible, el Dios Único, aquel que no precisa fiesta ni lugar de ruego, pues eres omnipresente! ¡Oh, tú, el Señor Supremo!

"¡Tú, que reinas el primero sobre los cuatro lados gemelos de las ocho potencias! ¡Tú, que eres fuente única! ¡A ti, a quien rinden homenaje todos los luceros del universo!

"A ti he pedido tu permiso para con mi boca nombrar a tus luceros guardianes, los cuatro luceros gemelos. Ellos me han oído, me han dado su permiso para subir tu escalinata sagrada, tu pirámide de ámbar, tu pirámide incorpórea, absoluta, ideal, que solo puede verse al final del último de los cinco días infaustos a través del fuego".

Los bailes se habían detenido; durante el discurso los danzantes habían permanecido callados. Expectantes observaban el firmamento azul profundo, infinito...

De repente, como el rayo, surgió el alarido ante el prodigio de la manifestación divina...

Atónitos ven surgir ante ellos, levantándose hacia el infinito, hacia el cenit, la imagen de la Pirámide Sagrada: completa, perfecta, primitiva, irreal...

En el azul oscuro del firmamento, cada uno de los vértices del cuadrado de su base se apoya en un lucero dual, un dios gemelo de lo alto y lo bajo, en una dualidad alternativa cuatridimensional —abarca el tiempo como una cuarta dimensión— en la cual cuatro dioses gemelos —alternándose en el tiempo— proyectan luz o sombra oscura en la tierra y en lo profundo del universo.

La Pirámide, el cuerpo perfecto, no físico, ideal; se concibe en la mente humana como luz y oscuridad en equilibrio, balance de lo opuesto en las cuatro dimensiones del volumen de su masa para sumar a estas el quinto punto que señala el tiempo en movimiento.

La Pirámide perfecta, ser ideal no real, proporción no medida, único medio para comunicarse con el Ser total —fin y principio— donde todo inicia, donde todo acaba. El Dios non del lejos y del junto: ¡Hunab-ku!

Ante los ojos de los danzantes presenta sus cuatro lados simétricos opuestos entre sí en perfecta armonía.

El lado A apoyado en dos luceros, dioses gemelos, es igual a su opuesto, el lado C, que a su vez se apoya en dos estrellas pares; su lado B, dual en su base, es igual a su opuesto, el lado D; los cuatro lados se oponen mutua y alternativamente sobre el centro, en el cenit, en el noveno lucero: el Infinito.

Nueve luceros que brillan sobre el cielo alto y limpio de la ciudad perdida de ¡BALUMKACNAN!

En el paraje, el Chilam está frente a la pirámide, ahora tiene entre sus brazos a un niño y sube por los inclinados peldaños...

Lejos, muy lejos, el escenario y los personajes parecen desdoblarse en la simultaneidad en el tiempo.

En casa de Pedro el juego continúa: "Dale, dale, dale, no pierdas el tino, porque si lo pierdes, pierdes el camino...". Era una tarantela que poco a poco lo adormecía...

"Ya le diste una..." se dejó oír contundente la voz del coro de los niños.

"Ya le diste dos...".

Al pie del Junchavín, el Chilam ascendía con agilidad las últimas gradas...

Simultáneamente, en la casa, Pedro creyó percibir la figura de un hombre en oración al claroscuro de la llama de una vela que oscilaba en la penumbra de ¿su habitación?, ¿de una cueva...?

Una voz, la voz de un hombre, más pensada que escuchada, pareció llegar de muy lejos al interior de Pedro, impersonal, profunda, como reminiscencia de otros tiempos.

—¿Quién eres...? —preguntó a la sombra.

—Soy tú. Soy tu pregunta y soy tu respuesta. Vuelvo a la tierra para que juntos subamos al cenit. Subiremos juntos y el misterio del nombre primitivo de la ciudad que te ha visto nacer, Balumkacnan, quedará develado.

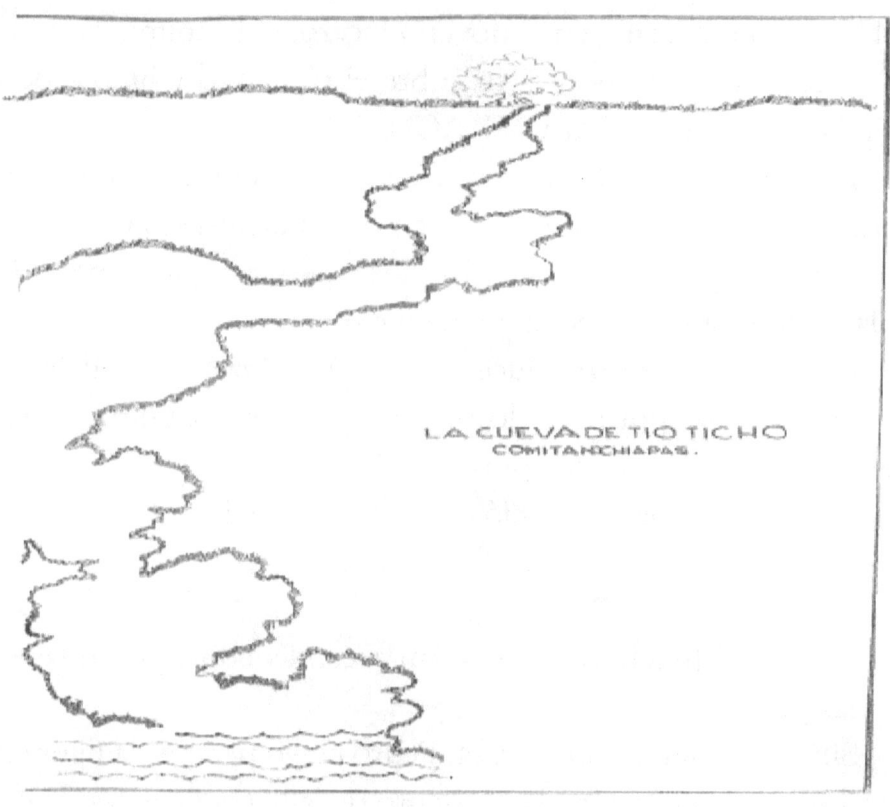

Entrada a la cueva del Tío Ticho (el inframundo)

El Nahual

Pedro no pudo evitar sentir un escalofrío recorrer su espina dorsal al observar que la pequeña sombra, al terminar su recorrido virtual, ingresaba a través del muro a la casa vecina.

Sabía que la parte principal de la casa en que se desarrollaba la fiesta navideña estaba iluminada, pero el pequeño huerto, el patio trasero donde se encontraban las caballerizas, el cuarto de aperos y el de la servidumbre, y al fondo donde limitaba la casa con un grueso muro o al costado donde se hallaban dos grandes piedras y la pared semiderruida de la casona contigua, permanecían a oscuras.

Pedro la conocía muy bien, se trataba de una enorme casona casi en ruinas que, sin embargo, daba albergue a una señorita quedada, a quien la gente llamaba Conchita y que, por su condición, a Pedro le dio por llamarle Soledad.

Conchita Soledad era incapaz de vivir y hacía tiempo se había olvidado de morir. En ese estado de indecisión entre la vida y la muerte permanecía flaca y enteca, se había convertido —literalmente— en una interrogación, pues los años le habían curvado el esqueleto justo antes de la nuca, lo que la obligaba a caminar con el mentón clavado sobre el pecho, tanto que tenía que utilizar una o ambas manos huesudas para sostener la cabeza.

Lo que de ella recuerda la gente del pueblo es *su cara*, siempre asomada por la ventana de ocho de la mañana a ocho de la noche, como una imagen formando parte del blanco sucio de la pared.

Su cara, único testigo de lo que quedaba de humano en su figura, hacía tiempo que había perdido todo lo que hubiera podido recordar de una juventud por demás inútil.

Su cara, toda ella pálida, huérfana de colorete natural o artificial.

Su cara, de frente siempre a la pared blanca de la casa del vecino.

Su cara, que aún exhibía sin malicia unos ojos niños, negros, redondos como botones en níveo manto.

Parecía mirar sorprendida pasar la vida ajena o quizá la sorpresa era por no ver llegar la muerte propia, su esperanza.

Su cara, que nadie parecía advertir. No sé si por su palidez en contraste con lo oscuro de los carcomidos barrotes de las rejas del balcón.

Su cara, en la que aparecía muerta la sonrisa que esbozó cuando por última vez dijo: "Buenos días" o "buenas tardes".

Nadie la saludaba, no la veían, nadie contestaba su saludo, ¿para qué?, las paredes no hablan.

Ella, por su parte, terminó por creer que no la veían, que no la escuchaban —su alma era buena— y ya no habló más. El silencio engarrotó sus músculos y se quedó sin voz e, incapaz de morir, gentilmente dejó de vivir.

Obligada por su espinazo torcido, nunca miraba al techo por donde se filtraba el agua de lluvia, ni siquiera a los lados, donde las paredes se le caían a pedazos.

De esa suerte, el techo de la casa, el patio, lo que había sido el jardín y las paredes que debieron proteger a Conchita Soledad se convirtieron en un territorio olvidado. El jardín se transformó en un monte alto: la enredadera del velo de novia había crecido como liana salvaje y trepaba por la morera que cargaba pequeños frutos y gusanos gigantes; las hojas elegantes competían con pequeñas palmeras de helechos por alcanzar un rayo de sol; en el piso, una alfombra de violetas escondía en sus hojas redondas sus florecillas de por sí tímidas y pequeñas, al parecer indiferentes al paso de roedores y tlacuaches que compartían su espacio nocturno con los gatos de toda la vecindad.

A aquel lugar, de por sí siniestro, ingresaba ahora la pequeña sombra del mal que había recorrido su casa, fruto amargo del remordimiento, pensó Pedro, por las frecuentes veces que había cosechado, sin permiso, de las ramas cercanas, duraznos priscos o, aprovechando lo derruido de la pared medianera, superar el reto de escalar por entre los agujeros de los adobes para saltar el muro e ir de cacería al patio vecino donde se ocultaban toda clase de bichos: arañas patudas, viudas negras, casampulgas y chiwojes; gusanos, gallinas ciegas, tzúcumos y azotadores; algunos reptiles, desde verdinegros chashives hasta, sin duda, víboras chirrioneras y mazacuatas, sin faltar sapos y pequeñas lagartijas, animales todos propicios para hacerlos víctimas de su resortera.

Pedro lo sabía bien: el caserón se convertía por las noches en aquelarre de gatos que impedían dormir al vecindario, lo que hacía inevitable que se propalaran consejas de demonios y brujas, chismes y habladurías de las que no escapaba la buena señorita Conchita Soledad, de quien se decía criaba sus propias arañas y culebras tanto para evitar que la picaran como para aliviar su insoportable soltería.

Así la casona se vino a convertir, en el decir de la gente, en algo cercano a lo maligno y, aunque Pedro lo ignorara, en el reino de Francisco Vendaño Trujío, alias el Nahual.

Pedro no podía saberlo en ese momento, pero lo cierto es que durante la Nochebuena o las primeras horas de aquella Navidad, a Conchita Soledad se le olvidó despertar y se quedó con sus ojos negros y redondos como botones, abiertos, muy abiertos, sin poder mirar cómo pasó la vida, cómo llegó la muerte.

La encontraron muerta. Pudo ser durante la noche, o la tarde del día anterior, lo cierto es que quien la encontró fue Chabelita, su sobrina.

El sábado anterior por la tarde ya no la encontró en la ventana y, cuando se decidió a entrar al cuarto, un fuerte olor a humedad y a vómito salió del dormitorio cargado de malos presagios; no lo pensó dos veces: había que avisar a su papá por si su tía estaba muerta.

No la velaron esa noche. Fue hasta el domingo por la mañana cuando regresó Chabelita con su papá —hermano de Conchita Soledad— que se enteraron de la muerte segura de la pobre tía; ya venían con el doctor y otros familiares. La encontraron tiesa, metida en su cama entre sábanas llenas de moho y humedad de vómito. No pudieron cerrarle los ojos, pues a cada intento lentamente se volvían a abrir, como si quisiera averiguar lo que había pasado; terminaron por cubrirle con un manto cualquiera su rostro, para no verla más.

—'*Tará* mirando visiones del más allá —dijo doña Rosita, la vecina de la esquina de enfrente—, yo siempre lo dije, tanto gato en el jardín no es natural.

—Cállese '*sté*, Rosita, ¿qué mal pudo hacer la difuntita? Ya está juzgada de Dios —dijo Chanita, otra niña quedada, entenada de doña Elieser.

Entró más gente. Las mujeres venían con chales negros, como si la difunta no fuera niña. Se arremolinaban alrededor del cuerpo, pero no destapaban la cara cubierta por el lienzo.

A su tiempo, el doctor pidió que abandonaran el cuarto y se quedó solo con el cadáver. Se hizo un silencio expectante.

Cuando después de unos minutos de auscultación apareció por la puerta Ciro, el hermano, preguntó sin poder disimular su ansiedad:

—Y bien, doctor, ¿de qué murió mi hermana? ¿De qué color se va pintar el ataúd?

El doctor, dejando de lado la pregunta, murmuró pensativo:

—Murió de muerte de cuna...

—¿De muerte de cuna? '*Tonces*, murió virgen —se apresuró a concluir Ciro y agregó contundente, alzando la voz para que se enteraran todos—: el ataúd será blanco, murió virgen.

Un rumor se extendió por toda la sala y los corredores de la casa para entonces llenos de gente.

Las mujeres se entrecruzaron miradas de complicidad culpable, rompiendo el silencio que ya se hacía embarazoso.

—Ave María Purísima —dijo una de ellas.

—Sin pecado concebida —dijeron las demás en coro.

Aprovechando su éxito que sabía momentáneo agregó casi inmediatamente:

—Recemos el santo rosario.

—Santa María, Madre de Dios... —respondieron a coro todas las mujeres.

Los hombres se retiraron a la sala donde se comenzaba a servir café y copitas de comiteco. El rezo que partía del cuarto de la difunta se dejó oír por la sala y los corredores, aplacando momentáneamente las conversaciones de los concurrentes.

Ciro se acercó de nuevo al doctor.

—¿De qué dijo que murió mi hermana? —preguntó al médico.

—De muchas cosas. La soledad puede ser una explicación, de todas formas no deja de ser un caso raro...

—¿Raro por qué? —insistió Ciro.

—Ya te lo dije: murió de muerte de cuna, una causa de muerte que solo se presenta en recién nacidos, la muerte sobreviene por un paro broncorrespiratorio.

—¿Y eso por qué?

—En el caso de su hermana solo puede explicarse por la inactividad cerebral. ¿Dices que se pasaba el día mirando la pared?

—Sí, la pared que recién volvió a pintar de blanco don Job, el vecino de enfrente.

—Se pasaba diez o doce horas diarias mirando la pared... blanca... —reflexionaba en voz baja el doctor—. Eso podría explicar todo... El mal estado general de su salud... Nadie hablaba con ella... La soledad... Su cerebro reblandecido por la inactividad, simplemente se durmió, se quedó en blanco y... se le olvidó respirar, broncoaspiró y se ahogó con su saliva...

—¡Voy a creer! —dijo don Job, presente en el lugar, maestro rural brillante, de pocas palabras y tragos largos.

Anotó el doctor en el certificado de defunción: "Causa de la muerte: paro respiratorio".

—No hay delito que perseguir, no hay por qué avisar a la autoridad —dijo dubitativo.

Se había dictado de esa suerte el veredicto que liberaba de culpa a una sociedad insensible.

Las mujeres que estaban junto al doctor se santiguaron. Se hizo un silencio pesado.

—¿Ya saben la nueva? —dijo una de las rezanderas, y cambiando hábilmente el tema agregó—: *Que's que* van a sacar agua de la cueva del Junchavín donde se murió don Patricio Pulido. Tío Ticho se metió a bañar a la cueva del Junchavín como era su costumbre y ya no salió.

—Seguro —dijo doña Rosita Zamora— ya *dialtiro* no alcanza el agua. Los burreros se pelean, los señores bañan sus caballos en la pila; el presidente apresa los burros, hace trabajar a sus dueños y se ahorra los gastos de barrer la plaza y ahí para la cosa.

—La cueva de tío Ticho, querrá *'sté* decir, ya desde antes se lo había ganado el nombre —terció otra vecina.

Como era domingo y vísperas de las navidades, las mujeres, satisfecha la curiosidad, terminaron el rosario empezado y se fueron a la iglesia a seguir rezando "con más provecho para las almas del purgatorio que más lo necesitan", dijeron. Más tarde los hombres irían al casino fronterizo a continuar la velada.

El doctor se había retirado y Ciro ordenó a la servidumbre que había traído de su casa que cesaran de servir café y comiteco, por lo que uno a uno, o en grupos pequeños, los dolientes, mujeres y hombres, fueron abandonando el lugar en silencio diciendo: "Gracias por el trago y por el cafecito", pero omitiendo las palabras vacías, pero consagradas para estos casos: "Hago mío tu dolor, lo siento mucho, Dios, Nuestro Señor, sabrá darte consuelo". Se retiraban en silencio, como excusando su presencia.

Finalmente, Ciro y los parientes cercanos abandonaron la casa dejando a la servidumbre la tarea de recoger el servicio. Lo cierto es que ni parientes ni criados advirtieron que, olvidado y casi cubriendo el asiento de una silla, se quedó un enorme sombrero.

Lo oscuro de la noche invadió todos los cuartos de la enorme casona, excepto la sala donde se quedó solo el ataúd de madera que encerraba el cuerpo de Conchita Soledad, iluminado por los cuatro enormes cirios.

Cierto, nadie quedó de testigo, ninguno escuchó y nadie los vio, pero lo que ahí sucedió fue verdad.

Emergiendo de debajo del sombrero se levantó un hombre ya entrado en años y con pasos pequeños, pero firmes se llegó hasta la caja que hacía veces de ataúd, donde reposaba Conchita.

—Moriste virgen, Concha Concepción —habría dicho Francisco Vendaño Trujío, alias el Nahual, poniendo sus manos y ensuciando con ellas lo blanco de la caja mortuoria—. "O la fruta bien vendida o podrida en su lugar", dijeron tus padres, mis patrones, y te encerraron aquí, en tu casa, tu herencia, tu dote, tu cárcel. Nada más quisieron saber de ti ni de mí, mal que, para disimular o por mera precaución, me llamaron con un nombre y apellidos no pedidos, impuestos. Te quedaste musitando palabras que nadie escuchaba más que yo. Te moriste virgen, Concha, y aunque bien sé que gatos monteses arañaban tus ansias, nunca estiraste las manos para coger del fruto prohibido de mi árbol, mi esencia, y se murieron juntas, las tuyas y las mías, mis ilusiones y nuestros deseos, nuestras caricias, todas se murieron de desesperación, de aburrimiento se murieron. Ya se fueron, se llevaron lo que querían de ti, tu silencio, tu mansedumbre, tu maldita obediencia, también se llevaron, disfrazado con incienso, el olor de tu vómito. Yo, yo me quedo con tus palabras no dichas para mí, pero tantas veces musitadas solo para ti, con ellas me quedo, porque son tu alma, y ahora yo, Aha Chojoté, como es mi nombre, mi verdadero nombre, soy tu dueño.

Conchita Soledad se quedó sola en su ataúd blanco de niña y a la casona la envolvió de nuevo el silencio.

Pasadas algunas horas, la fauna que habitaba la casona volvió a su actividad normal: los gatos, los tlacuaches, los sapos, las víboras chirrioneras, los tzúcumos, los gusanos y también las arañas que poblaban jardín, patio y traspatio de aquella casa comenzaron su actividad nocturna.

La muerte de Conchita Soledad no cambió en nada el reino de Francisco Vendaño Trujío, la araña chiwoj, alias el Nahual.

Con el silencio en el traspatio, el chiwoj que vivía en la pared medianera del lado de la casa de Pedro, volvió a sentir hambre pues ya hacía varias semanas desde que había devorado a su última presa viva.

Siguiendo la ley natural de los de su especie, había esperado hora tras hora, noche tras noche y así durante semanas, hasta que miró pasar a su víctima para, al momento preciso, lanzar su ataque certero y clavar sobre un infortunado polluelo de pájaro caído del nido sus quelíceros envenenados.

El veneno, que hace las veces de jugo gástrico, paralizó al animalito de inmediato, por lo que, una vez cocida su presa, la araña se limitó a chuparla introduciendo el líquido a su abultado abdomen; no en balde se le llama "chiwoj" —araña negra y peluda con abdomen abultado— en la lengua tojolabal.

Pero de eso ya hacía varias semanas. El último bocado que había probado fue su compañero cuando la dejó preñada. Su pequeño cerebro de araña solo parece responder a dos necesidades primarias: matar para vivir y reproducirse para sobrevivir como especie. Había olvidado su última comida, el macho insignificante con quien había copulado, y ahora mismo, tras varias semanas de cuidado de su nidada, tenía hambre. Obligada por la naturaleza, semanas atrás emprendió la tarea de construir el nido, una bola de telaraña endurecida donde depositó sus huevos y, a su tiempo, eclosionarían entre mil y dos mil quinientas arañitas completas, que hasta esta noche el instinto maternal había mantenido vivas.

Pero hoy tenía hambre...

Esa noche, después de varias semanas de cuidados, la araña chiwoj de la pared medianera se hallaba en el dilema de decidir entre el instinto maternal que la obliga a continuar con el cuidado de las crías y el primario de alimentarse con ellas para mantenerse viva. En realidad no tiene opción, de las más de dos mil quinientas arañitas vivas solo sobrevivirán a su ataque unas pocas docenas.

A ese escenario llegó Aurelia. En una mano sostenía la vela con que se alumbraba y en la otra una escoba. Obsesionada con la idea del Nahual, creía firmemente que el llamado Pancho Araña era también el chiwoj que vivía en la pared medianera y, aunque iba temblando de miedo, la idea de que pudiera hacer daño a "su niño" la llenaba de rabia.

La luz de la vela iluminó la escena. Aurelia pudo ver cómo la araña chiwoj devoraba sin prisa ni remordimiento a su nidada.

Entre tanto, en el otro escenario, "ya le diste tres...", gritaron a coro los niños que quebraban la piñata en el patio de la casa de Pedro.

Al mismo tiempo que Aurelia descargaba el golpe contundente de la escoba.

Antes, una fracción de segundo antes, escuchó o creyó escuchar desde el nido un grito largo, agudo, casi inaudible, desesperado:

—¡Aureliaaaaaa, nooooooo!

No lo pensó. Solo dejó caer el golpe duro, contundente sobre la araña... sobre su nidada.

Permaneció expectante por algunos minutos. El grito no se oyó más.

El drama había terminado.

Nahual

La invención de Balumkanan el sueño

Tengo siete años y estoy en algún lugar cercano a las faldas del Junchavín y he aquí que de nuevo puedo ver al hombre sin tiempo, al Chilam-Nahual que me ha guiado hasta el límite del abismo. Lo miro ya sin esperanza y escucho sus palabras:

—Tu tiempo en Balumkacnan se ha terminado. La ciudad que buscas, la que fue pensada para celebrar la novena llegada de la estrella que traería paz a los hombres, la ciudad de los nueve luceros, no llegó a ser y tu tiempo en este mundo se termina. El Poxtón, lucero fugaz, la estrella que apareciera en el mundo maya treinta y seis años antes de la llegada del Redentor, treinta y tres según la cuenta de los años para quienes luego vinieron a estas tierras, no ha vuelto más ni en oriente ni en occidente, y no hay paz en la redondez de la tierra.

Así lo dijo el sacerdote, mi guía, a orillas del abismo sin límites. Supo que había luto en mi corazón cuando sin mover los labios pregunté:

—¿Cómo es que esto se me revela?

—Has venido hoy a la consumación del siglo que se cumple, al final del quinto de los cinco días infaustos. Por cuatro días,

Hun Chavín ha esperado inútil la llegada del noveno lucero y la materialización de Balumkacnan.

"En el cielo nada ha cambiado, solo tú. Desde tu mundo has llegado y Hun Chavín no volverá jamás a esperar los cinco días infaustos. La grieta del tiempo que se abre por un breve lapso cada cincuenta y dos años, en este día infausto, agoniza. Solo estará abierta por lo que resta de la jornada y a ti te será obsequiado el mirar en lo profundo la ciudad que no llegó a ser y a sus pobladores que no llegaron a nacer; solamente si ese es el deseo de tu corazón.

"En este, tu último viaje, no contarás con un Chilam de guía ni con un Nahual de compañero; nadie podrá acompañarte. Si te atreves, tendrás que recorrer solo la ciudad que nunca nadie ha visto. Tú, que la buscas en tu corazón, podrás ver la ciudad de las nueve luminarias y te será dado a conocer cómo fue concebida. Debes decidirte ya, porque el sol ha iniciado su descenso y el cielo se cubre con la luz amarilla de la muerte...".

Ni el Balam —el sacerdote— ni el Nahual —hombre sin edad— dijeron más nada, tampoco Pedro, que sabía que no habría de volver a verlos jamás.

Durante el corto diálogo, Hun Chavín, el Balam, había permanecido callado, impasible ante el declinar de los rayos del sol del último de los días infaustos.

Pedro permanecía junto a la fogata de las llamas: blancas, azules, rojas y amarillas, los cuatro colores, los cuatro rumbos por donde se expande el universo.

Estaba ahí parado, indeciso, observando lo que podría ser la última vez en que el abismo del no tiempo estaría abierto.

Permanecía al borde de la nada, el lugar a donde nadie va, de donde nadie regresa, de pie justo donde la curva del tiempo se quiebra para iniciar otro ciclo.

—Te vas sin acompañante para que lo mires, lo conozcas, no muera y no del todo se pierda Balumkacnan, tu ciudad, la de los nueve luceros —dijo el guardián, su Nahual, animándolo—. Entra a Caputzih, el limbo de los que no llegaron a ser, entra y quizá regreses como un Chulen, un espíritu renacido.

Dándole ánimos, el sacerdote Balam le dijo a Pedro que entrara. En tanto, permanecían parados sobre una saliente rocosa envueltos en la gran negrura de aquella sima sin fondo por la que ni un halo de luz podría atravesar.

—Nadie me seguirá desde aquí, lo sé; temblará mi pie junto al abismo, lo sé; me dejaré llevar por este sueño de ser y, si me pierdo, sabré que no habré sido, lo sé... lo sé... lo sé —murmuró Pedro como en oración, mientras su voluntad vacilaba en medio de un juego que no era el de la vida o el de la muerte, sino el de no ser habiendo sido.

Se avecinaba el fin de los cinco días en que, en la cima, el tiempo une sus extremos; el ser y el no ser pronto se unirían aniquilándolo; para Pedro sería el limbo eterno.

Como una herida en la piedra, como un gesto de burla en boca de voraz caverna, apareció ante Pedro la entrada al inframundo.

Asido a la piedra que resguardaba la entrada de la cueva, Pedro vio con asombro como Hun Chavín —sacerdote portador del fuego vital— ingresaba a la cueva sagrada, a la cueva del agua escondida; aún había esperanza —pensó—.

En el fondo, el chamán hizo sacrificio, hizo holocausto y después de quemar abundante copal —doce veces diez incensaciones— le suplicó a Ahau —corazón del cielo— que le diera el poder mágico, el éxtasis.

Nada cambió.

Hizo ofrenda al jaguar divinizado, holocausto de su sangre, y oró a los muertos esclarecidos del mundo sublunar...

Nada cambió.

Todo fue inútil, inútil el llanto, inútil el lloro. Hun Chavín, el portador del fuego divino, oró en la cueva del jaguar, en Na' Bolom y todo permaneció en silencio.

Supo entonces que en vano había esperado otro siglo, otros cincuenta y dos años a que se abriera la grieta del tiempo. Los cinco días infaustos llegaban a su fin y no aparecía en el firmamento el dios Poxtón, la estrella, el lucero fugaz, el noveno lucero. Entonces habló:

—No hay ya esperanza para mis hijos, para los hijos del decimoséptimo tiempo. Yo, Hun Chavín, el primero de los siete, debo nuevamente morir, pues sucederá que tu pueblo verá la destrucción, la guerra y los hijos de mis hijos poblarán otras tierras, las tierras altas del Mayab, pero, ¡ay!, solo por poco tiempo, por poco tiempo será.

"El jaguar rojo, el jaguar del sur, ha destruido al cuarto sol y se ha iniciado la cuenta nuevamente. Otros son ya los gemelos divinos.

"Ha nacido inútil Balumkacnan en mi mente, solo en mi mente nació, por tanto, cesen ya los sacrificios de las doncellas a Chaac en la cueva del agua escondida. Inútiles son los corazones sangrantes expuestos a dioses extraños; dioses traídos por gente venida del norte, que, ¡ay!, algún día llegarán y será la ruina de nuestra civilización y no verán mis hijos la gloria".

Así habló Hun Chavín a los esforzados, a los mancebos, a sus guerreros, a las doncellas y a los ancianos antes de perderse en el fondo del abismo sin tiempo.

Ese sería el fin.

Se cerró la grieta en el tiempo, el sol del quinto día infausto se hundió al fin en la noche de otros cincuenta y dos años. El drama cósmico había terminado.

En las faldas del Junchavín, Pedro permanecía asido a la piedra donde se encontraba grabado el símbolo del Poxtón, pájaro Moan. Al final venció su miedo y no dio el último paso al abismo del no tiempo.

Justo cuando el chamán decía la última palabra del discurso, escuchó la voz de su guía:

—¿Qué hace aquí el cajual?

La pregunta estalló en su cerebro. Finalmente pudo responder:

—Estoy en el Junchavín, busco musgo y laurel. Es Navidad y espero ver la estrella brillar en lo alto del cielo azul de Comitán, mi pueblo —diciendo esto alzó la vista y pudo ver que no cabía una sola estrella en el firmamento.

Fue como un conjuro.

Al extinguirse, la hoguera había dejado escapar multitud de chispas que fueron a perderse en lo frío de una noche desapacible.

Sentado al pie del viejo copal y de frente a él, contemplaba cómo el indio que había formulado la pregunta cambiaba el peso de su cuerpo de un lado a otro sin abandonar su postura, en tanto sonreía al preguntar de nuevo:

—¿Se encuentra bien el patroncito?

Lo decía sin abandonar su postura sedente, acurrucado sobre sus piernas.

Pedro de nuevo se encontró recostado en el arbusto de copal, nada del paisaje que había visto era el mismo, ni helechos, ni encinos, ni ocotes, ni lianas que apresaran el tallo de los árboles. Temeroso buscó la tarántula camuflada entre el musgo; no había tal. Se incorporó y muy a lo lejos pudo ver la vieja ciénaga, apenas unos cuantos charcos en cuyas orillas pastaban algunas vacas y crecían nudosos pirules, también una que otra garza hurgaba entre el lodo en busca de pequeños pececillos.

El paisaje era el mismo que había contemplado al llegar; ya se incorporaba para retirase cuando vio los restos de la fogata.

—¿Que pasó después? —preguntó al indio.

El hombre, sin dejar de sonreír, cambió de postura, dobló sus piernas sobre sí mismas adoptando su habitual postura, en tanto que juntaba una sobre otra las palmas de sus manos.

Tardó unos segundos antes de contestar; en su boca se dibujó una amplia sonrisa que compartió con sus ojos, aunque estos permanecieron cerrados. Por un instante Pedro creyó ver cómo aquel rostro se cubría de arrugas, tantas como nadie hubiera visto jamás.

—¿Pero entonces... tú eres mi... Nahual...? —comenzó a decir Pedro, cuando vio que el hombre se ponía de pie y que sin parar mientes pisaba los carbones encendidos para acabar de extinguir la fogata.

—Espero que el cajual haya encontrado lo que buscaba... —dijo enigmático aquel hombre antes de emprender su camino canturreando un estribillo pegajoso:

Nos quitaron, robo fue,
tierra, nombre y religión.
No hay deseo de venganza
en nuestro corazón.

Pedro deliraba, escuchaba la voz, mientras aspiraba el humo perfumado de la cera de colmena que ardía frente a él. La flama de la vela parecía desprenderse de su pabilo siguiendo el aire caliente, ya iba, ya regresaba, y en su vaivén parecía seguir la cadencia de la voz ronca del indio que caía...

—Todo está en la rueda del tiempo y el tiempo es la semilla de todo, está en el pensamiento del Creador y en él; el aquí y el ahora. El Creador, lo Creado, el Lugar y el Tiempo habitan en un solo lugar y momento. No te sorprendas, uno y solo uno es: Creador, Creación, Lugar y Tiempo; estos son también los cuatro rumbos del Universo, sus cuatro dimensiones.

En el sopor de la calentura, el indio aquel continuaba hablando al interior de Pedro como quien relata un cuento de hadas a un niño ávido de magia; este escuchaba sin sorpresa pues en su confusión nada le parecía extraño.

Tampoco se sorprendió cuando, mientras seguía hablando, creyó verle tomar del suelo una piña de pino y oprimirla con fuerza con una de sus manos, de manera que los duros pétalos dejaron caer las semillas de la planta, para luego coger una de ellas entre sus dedos y hacer ademán de sembrarla en la tierra, a unos pasos frente a Pedro. Al momento ordenó a la semilla germinar y esta, obedeciendo al conjuro, rompió su capullo y un brote verde se asomó de lo profundo. En el interior de Pedro, la voz se reanudó:

—El pensamiento creador del árbol, la idea de "árbol", es la semilla. Las cosas crecen en un lugar y en un tiempo según sea el pensamiento de su creador. Todo está en el pensamiento del Creador. Una vez pensadas y situadas en un lugar y en un tiempo, la idea de las cosas existirá por siempre en el tiempo y en el lugar en el que su creador las imaginó.

—¿Dónde estoy ahora...? —preguntó Pedro.

El indio, ignorando la pregunta, continuó.

—Creador, lugar, tiempo y creación; cuatro son los rumbos; cuatro los tiempos; cuatro los lugares; cuatro los Señores. Son parejas. ¿Puede separarse el Creador de su creación? ¿El tiempo del lugar? ¿Acaso no decimos esto es aquí y ahora, fue o será, en tal lugar y en tal tiempo? Pero, ¿quién decide?

Cuatro son los rumbos y cuatro las fuerzas del universo en movimiento y es uno solo el punto que los mantiene en equilibrio.

—Cuatro sus colores: negro, azul, rojo y amarillo —habría concluido Pedro, pero advirtió—: ¿falta un punto, una fuerza, un color, un rumbo?

El hombre aquel, sin abandonar ni por un momento su actitud impersonal y lejana, pareció sonreír benevolente cuando dijo:

—No te esfuerces, no lo entenderías, nadie puede. Falta el punto que no se mueve mientras todo permanece en movimiento, es el que está lejos y también junto; el que no es en el tiempo aunque el tiempo es en él; el que está en el arriba y en el abajo; el que te une y también te libera; el que es y no tiene color ni forma; el que en la ausencia está presente; el que es muchos y también uno solo.

—¡Estoy cayendo! —gritó Pedro confundido—. ¡Voy girando hacia un punto sin rumbo, color o fuerza!

A lo lejos, muy lejos, oyó la tarantela: "¡Dale, dale, dale, no pierdas el tino...!".

Volvió su mirada ahí donde, poco antes, había sido sembrada la semilla de pino. La planta había continuado creciendo en tanto que el hombre hablaba, por lo que encontró que ante él se alzaba ahora un arbusto de pino que le sobrepasaba en estatura. A Pedro le quedaba claro que el árbol aquel era tan solo un truco de su interlocutor para ilustrar el relato.

—No es un truco, deberías confiar más en tus sentidos —dijo la voz—. Observa las plantas, todas las plantas crecen en sentidos opuestos, hacia abajo para echar raíces y ser fuertes, hacia arriba para dar sombra y frutos.

Y agregó:

—Mientras más profundas sean sus raíces, más fuerte y grande será su tallo, más frondoso su follaje y los hombres y las aves del cielo gozarán de su sombra y comerán de sus frutos.

—Voy cayendo... —insistió Pedro.

—¿Caes? Vas a lo profundo, permíteme entonces agregar uno más a los cuatro rumbos del universo. Cada uno de los rumbos encuentra su fuerza en su opuesto: el norte —lo blanco— en el sur —lo amarillo—. El este —el rojo— en el oeste —el azul—.

—Pero voy cayendo —reiteró Pedro.

—¿Caes? Lo alto se nutre de su opuesto, lo profundo... El centro representa el equilibrio, da sentido a los opuestos: norte, sur, este, oeste, alto, abajo... ¿cómo, entonces, puedes caer?

En el interior de Pedro se dejó sentir un silencio ominoso. De pronto, el hombre desapareció al igual que su voz. Pedro por primera vez sintió miedo, se sintió solo.

En su soledad creyó encontrar la respuesta.

—Voy al inframundo —se dijo.

Al momento se escuchó la voz del coro en la lejanía: "¡Ya le diste tres...!".

Se oyó clara la sentencia de los niños en el patio.

Luego el grito:

—¡Aureliaaaaaa, nooooooo!

La piñata dio un vuelco sobre sí misma, sin dejar caer ni una sola fruta.

—La fruta no cae, sube. Fallaste, Aurelia, la araña sigue caminando, sigue viva...

Pedro inútilmente buscaba la claridad, la luz... Abajo un aire arremolinado agitaba las flamas de una hoguera...

—Busco la luz y voy al fuego —dijo.

Para su sorpresa, la hoguera mostraba una forma cuadrangular semejando la base de una pirámide y alzaba sus flamas hacia un punto a lo alto, en una sola dirección.

—El fuego ha formado una pirámide —se dijo—, sus llamas se elevan señalando a un punto en lo alto. No caigo, estoy suspendido.

Alzó la mirada a lo azul del firmamento en busca de un lucero en especial.

En su interior, la voz susurró:

—La pirámide es unión entre lo humano y lo divino, es el cenit de los escogidos, de los iluminados...

Agachó la cabeza clavando la mirada en el lugar opuesto.

La voz de nuevo se hizo escuchar susurrante:

—También hay una pirámide opuesta, es el camino al inframundo, el lugar en que se encuentran los hombres y las cosas que han dejado de existir.

Concluyó la voz en su interior.

Debieron transcurrir largos los segundos antes de que Pedro volviera a escuchar en su interior la voz tranquilizante de su interlocutor:

—Toda invención de ser viviente al momento de ser concebida inicia desde su punto de equilibrio, el punto en que confluyen todas las fuerzas del universo, su universo interior, su semilla. Balumkacnan tuvo un principio y un destino, su cenit... también tuvo un final. Si buscas a Balumkacnan, busca en el cielo los nueve luceros, son la raíz de nuestro pueblo, sin ellos no habrá árbol, destino o frutos.

Pedro alzó los ojos, cuatro puntos fijos brillaban en la constelación del Carro, muy arriba un lucero azul, acaso Venus, señalaba su cenit.

Al tiempo, una racha de aire helado amenazó con apagar la fogata y arrancó de tajo el arbusto que Pedro había creído ver crecer ante sus ojos.

Pedro tardó una fracción de segundo en comprender. Se sintió como arrancado del lugar y del tiempo, como por obra de encantamiento. El cerro Junchavín estaba ante él, visto a la distancia era una pirámide doble; los cuatro puntos de su base se reproducían alineándose sobre cuatro estrellas luminosas en el firmamento y proyectaban sus aristas hacia otra más en lo profundo del cielo estrellado, en el cenit, donde se hallaba aquel lejano e inalcanzable lucero azul.

Los cuatro puntos de su base proyectaban su luz hacia lo alto, hacia un solo lucero, su cenit, Balum 'nueve', Kacnan 'estrellas', 'luceros'.

Faltaba el décimo punto.

El lucero perdido, el que apuntaba a lo oscuro, había que buscarlo en el inframundo, en el nadir, su opuesto.

Había descifrado el misterio, había hallado a su ciudad, Balumkacnan, la ciudad perdida de las nueve estrellas.

En el paraje, el Chilam con el niño en brazos había alcanzado la cúspide de la pirámide y se hallaba parado al borde del abismo. Con una de sus manos alzó en lo alto al niño, en tanto que con la otra señaló la inmensidad del universo, sus estrellas y planetas.

Clamó con voz estentórea:

—Contempla, ¡oh!, hijo mío, lo único más grande que tú, la inmensidad del reino de Dios, nuestro creador: HUN-AB-KU, en quien caben todos los humanos.

En casa, había llegado el momento culminante en las fiestas de Navidad. Pedro despertaba aún adormecido por la tarantela que le había cerrado los ojos. En su sueño había vuelto a aquel lugar cercano a la cueva del Junchavín, adonde nunca debió ir.

Se acercaba la media noche y los demás niños fueron al oratorio en busca del Niño Dios para arrullarlo, cantarle villancicos y finalmente depositarlo en el lugar privilegiado que le correspondía en el nacimiento.

Dos niños, en el desempeño de sus papeles de san José y la Virgen, seguidos de cuantos pastores habían ido a la fiesta, recorrían por los cuatro corredores todas las habitaciones, cantando en alegre tropa:

Belén, campanas de Belén,
que los ángeles tocan,
¿qué nuevas me traen?
Vamos, pastores, vamos, vamos a Belén,
a adorar al niño y a san José también...

Una pequeña de profundos ojos negros cargaba al niño, llegaron a la habitación de Pedro y san José discretamente se quedó en la puerta. La pequeña se paró a los pies de la cama, abrió el regazo y mostró a Pedro, con gran ternura, al Niño Dios.

Fue un milagro de amor.

Poco tiempo necesitó Pedro para unirse a los demás niños e ir cantar siendo el más entusiasta:

Vamos, pastores, vamos,
vamos a Belén,
a adorar al niño
que ha nacido ya.

Tímido se oyó el llamador en la puerta de calle. Corrieron a averiguar quién llamaba.

—¿Quién es?

—Vengo a adorar al niño... —se oyó la voz de otro niño desde afuera.

—¿Quién eres, un rey mago?

—No soy un rey.

—¿Eres un pastor?

—No soy un pastor.

—¿Quién eres, entonces?

—Traigo tres regalos: una mirada de inocencia, una sonrisa —mi esperanza— y una oración —mi fe—. Tan solo soy un niño.

—Pasa —dijo Pedro—, esta es tu casa.

—Lo es, estoy seguro.

Y esto diciendo se agregó a los cantantes. El coro se escuchó más armonioso, más dulce:

Vamos, pastores, vamos,
vamos a Belén,
a adorar al niño
que ha nacido ya.

Recostado sobre el respaldo firme del sillón, frente a la mesa que le servía de escritorio en la cabaña de Valle de Bravo, Pedro terminaba de leer, no sin dificultad, el Manuscrito de Pedro. Intentaba comprender cómo alguien, en alguna otra vida, en alguna otra dimensión del espaciotiempo, se había apoderado de su vida cincuenta y dos años antes, durante los últimos cinco días infaustos de aquella Navidad de 1941.

Tras mucho cavilar sobre el asunto, no logró encontrar una explicación plausible. El misterio del Manuscrito de Pedro, en el que se narraba, de una doble manera, los mismos hechos que le ocurrieron cincuenta y dos años antes, entre las 11:56 a. m. del 20 de diciembre y las 12:00 a. m. del 25 de diciembre de 1941, en ¿una doble vida?

Por lo demás, no podía dudar. Los personajes que aparecían en uno de los relatos eran reales: Aurelia, su nana, y todos los que figuraban en la servidumbre, incluido Pancho Vendaño, un tojolabal entenado de doña Chabelita que luego vino a ser arriero de la finca Las Cruces, administrada en esas fechas por Rubén, su padre; su hermano Julio; Conchita Soledad, su vecina; el doctor Alfonso, médico muy respetado e historiador; Chemingo y Tonito, su hijo.

La cueva de tío Ticho y el río subterráneo de donde, en la administración del doctor Pascasio Gamboa y con la colaboración decisiva de Rubén, su padre, se hizo aflorar el agua de la cueva para dotar de agua a Comitán y que duró en servicio cuando menos por cuarenta años; la niña de los ojos negros y profundos... todos fueron personajes reales.

Otra cosa también resultaba cierta: el Manuscrito de Pedro, que avalaba la existencia de Balumkanan.

Al llegar a este punto en sus reflexiones, Pedro tardó un instante en comprender que el manuscrito ¡era la prueba que necesitaba!

Se incorporó para tomarlo de la mesita.

Ahí estaban las inconfundibles hojas amarillentas del cuaderno. Con la mirada buscó ansioso las letras redondas e inseguras que tanto le habían llamado la atención aquella noche cuando, en busca de los juguetes de Navidad, por vez primera explorara los secretos de su familia ocultos arriba del tapanco.

Revolvió las hojas, buscó el nombre, su nombre: Pedro.

Todo resultó inútil, con desesperación había revisado una y otra vez todas y cada una de ellas; las hojas estaban, pero lo manuscrito no.

La pérdida de los escritos, en lo que había creído sería el Manuscrito de Pedro creaba una duda existencial que desde entonces lo martirizaba con frecuencia. Pedro se preguntaba, incapaz de resolver el dilema del doble recuerdo, ¿qué había ido a buscar al Junchavín aquel día?, ¿musgo?

Estaba imposibilitado para encontrar una respuesta de manera consciente y lógica a los hechos registrados en su memoria. La respuesta afirmativa solo parecía llegarle cuando lograba conciliar el sueño y, aun entonces, al despertar, se negaba a admitir como posible y existente en el mundo real la imagen obsesiva que aparecía en sus sueños.

En el sueño recurrente aparecía un indígena parado en el portal de una extraña casa cuadrada, de techo de palma renegrida por el tiempo, que aumentaba su altura, ya de por sí elevada, con una cresta similar al remate de una pirámide maya.

Era un sueño, pero era todo lo que él tenía para averiguar la verdad, y para entonces su falta de sueño amenazaba con perder lo único que aún podía develar la verdad y su insomnio terminara por hacer que se perdiera para siempre.

Admitir como real la existencia del manuscrito implicaba que le había sido revelado el secreto de la fundación de Balumkanan. Entonces algo de luz parecía distinguirse en el entramado, una parte de él había ido a buscar justicia.

Otra duda se presentaba aún más amenazante: la de por qué el secreto de Balumkanan había dormido ajeno a su memoria durante cincuenta y dos años, al cabo de los cuales le era dado recordar lo sucedido en los últimos momentos de los cinco días infaustos, cuando por última vez se abrió la grieta del tiempo en 1941 y él era un niño que cumplía apenas siete años.

El descubrimiento de las ruinas de Balumkanan podría ocurrir más tarde o más temprano; era un asunto de mero interés o de presupuesto.

—Por lo que hace a mi preocupación e insomnio el asunto estaba concluido, había encontrado la punta del hilo en la maraña. Conocía el secreto de la primera fundación de lo que, andando el tiempo, sería Balumkanan. Podía imaginar su historia común entre las ciudades mayas de su tiempo, sabía cómo fueron los días de gloria y cómo los de su caída Para ello me basta con el papel amarillento del cuaderno de Pedro. Cierto que no hay sobre ni matasellos, no hay modo de averiguar cómo llegó hasta mí, pero ahí está y no puedo negar que su existencia se relaciona con la obsesión de conocer el pasado de mi pueblo, su historia y por decirlo de otra manera: su otro tiempo. Pero, ¿es eso todo?

Perdido el contenido del Manuscrito de Pedro, ¿cómo se le revelaría qué ocurrió después de la caída y de cómo fue Hunab para después convertirse en Comiktlan y al final simplemente llamarse Comitán?

Sabía que su maestro, don Jaime Rodas, ya no podría contestarle pregunta alguna: se había ido.

De todas formas se preguntó a solas en su recámara de Valle de Bravo, sin saber bien a bien a quién se dirigía:

—Maestro, ¿cree usted en chamanes, nahuales, brujos y encantamientos? —dijo—. Bueno, no sé... —se respondió. Pero el monólogo no había concluido.

Apenas comenzaba la noche de aquel 24 de diciembre de 1993 en Valle de Bravo, *cincuenta y dos años después,* esperaba, como siempre, la llegada de Jesús, su Redentor, pero sus pensamientos eran muy otros.

—Me queda claro que Balumkanan perteneció al viejo imperio maya, fruto de la sabiduría de aquel pueblo, para quienes obtener respuestas referentes al tiempo resultaba vital.

Pensamiento y tiempo se presentaban a menudo como una sola cosa. La historia del tiempo es también la historia del pensamiento maya, por lo que para conocer su historia sería necesario viajar en el tiempo.

Si quiero conocer su historia, la pregunta es: estoy atado al tiempo y por un conjuro cada cincuenta y dos años vuelvo a ¿resucitar? para ¿rememorar? los días de mis antepasados mayas, recordarlos y vivir con ellos una y otra vez su gloria y su tragedia, sin descanso, hasta saber cuál es la verdadera historia de las fundaciones de Comitán, mi pueblo.

En el origen fue el tiempo y en el tiempo el pensamiento... ¿Tienen comienzo el tiempo y el pensamiento?

Con esta última reflexión, quiéralo o no, vuelvo a la historia que me fue revelada en el aparente juego de una doble vida.

Recordaba de esa manera la noche en que, por razones muy largas de contar, me encontraba sentado frente a una hoguera encendida en un paraje junto a la entrada a la cueva de tío Ticho cercana al cerro Junchavín.

Digamos que el tiempo nace cuando nuestros padres lo fijaron en su memoria por primera vez, cuando vieron las estrellas caminar, así lo dijeron y así lo proclamaron.

El tiempo comenzó a contarse por nuestros antepasados —nuestros abuelos— cuando celebraron la llegada, por séptima vez, a las tierras de los mayas, del Poxtón —el dios cometa lucero que viaja por el firmamento—.

Hoy es Navidad, ¿llegará, aparecerá en el firmamento la estrella de la anunciación de la llegada del Redentor?

Seis veces había sido vista su llegada y fue adorada como dios por los mayas, aunque nadie sabría decir con exactitud cuándo. Solo los viejos entre los más viejos lo supieron, porque así lo dijeron los primeros mayas, nuestros padres, ellos lo supieron de los abuelos a los que se lo dijeron los viejos y los viejos lo supieron de los más viejos.

Así que la cuenta escrita del tiempo solo comenzó cuando ya por seis veces había aparecido la Estrella que Vuelve.

Y es con ella que se fija el inicio de los tiempos mayas, 3114 años antes de la llegada del Redentor a la tierra de los barbados.

Tiempo en que los mayas poblaron la selva y se dispersaron sus tribus por la espesura; bajando por las cuencas de los ríos, subiendo por las crestas de las montañas, mostrando su fuerza y destreza con lanza, hacha y pedernal. Aplastaron la víbora, domeñaron al jaguar y derribaron al águila arpía. Aprendieron a aprovechar al máximo la productividad de los delgados suelos de la selva.

Derribaron árboles para sembrar maíz, frijol, chile, calabazas y otras hortalizas en parcelas abonadas con tierras ricas en humus extraídos de la hojarasca.

Practicaron la alternancia de los cultivos, dejando descansar las tierras en barbecho y se asentaron cerca de los ríos, lagos y pantanos para aprovechar las tierras bañadas por las crecidas y los aluviones.

Cuando por séptima vez volvió el Poxtón, ya los sabios habían aprendido a grabar en piedra su pensamiento y dijeron: "Es bueno que levantemos estelas, es bueno que se sepa, que los mayas sepan". Luego lo grabaron, lo dijeron en números y en piedras lo proclamaron.

Siete baktún, catorce katún, tres tun, dos uinal, trece kin. La fecha, su día, cuando volvió por séptima vez el Poxtón, el lucero fugaz.

Así comenzó el séptimo tiempo glorioso de los mayas —año 36 a. C.—. Se grabó por vez primera Hun, uno —la cuenta del Chavín—, siete —séptimo tiempo— y se grabó en la piedra 7. 14. 3. 2. 13. Siete baktún —atado de cuatrocientos años—, catorce katún —atado de veinte años—, tres tun —año solar—, dos uinal —atado de veinte días—, trece kin —el día—.

La séptima llegada del cometa Poxtón —pájaro que vuelve— dio principio a la grandeza de los pueblos mayas. Con él llegaron los civilizadores, los grandes Señores que enseñaron a los sacerdotes a grabar en estelas de piedra la cuenta larga de los años; los mayas aprendieron, supieron y celebraron la sucesión divina de los cambios en los cielos y la fundación de cada una de sus ciudades. Se inició el reinado de los grandes, de los iluminados, sacerdotes brujos del tiempo. Ciento cincuenta y seis años después, en el largo camino de los mayas, a la espera de la vuelta del lucero, se grabó en la piedra su regreso en uno baktún, cuatro katún —año 120 d. C.—; en la estela se grabó para que se supiera que apareció por octava vez en el cielo de los mayas el lucero fugaz, el Poxtón, pájaro Moan.

Con su llegada se unieron las familias, las tribus y luego los pueblos. Elaboraron abonos para fertilizar huertos cercados, contiguos a las riadas para atrapar y conservar al tapir; supieron criar peces en estanques y venados en los corrales junto con tepezcuintles, armadillos y monos. Toda clase de animales buenos para ser comidos eran aprovechados con respeto a la naturaleza, a quien se pedía perdón por el animal muerto, agradeciendo su alimento.

Los hacedores de pueblos —astrónomos, arquitectos— fundaron las grandes ciudades en la selva, se asentaron los pueblos y llegaron los civilizados.

Los Kuhul Ajaw, sacerdotes reyes —mediadores entre el cielo y la tierra—, los constructores, los hacedores de pueblos y los iluminados, grabaron en estelas los nombres y las fechas en que se fundaron las grandes ciudades de Yaxha, Bonampak, Yaxchilán, Chicultik, Calakmul, Quiriguá, Uaxactún, Nahun, Holmún, Volontun, Balakbal, Edzná, Oxquintok, Xamantún, Copán, Yaaxcanah, Cobá, Ichpaatún, Kantnikin, Chancash, Kucican, Muvil, Oxlakmul, Oxtancah, Oxhindzonot, Tamalcab, Tupak, Xlahpak, Tzibanché, Kohunlich y Toniná, entre otras.

Todas con elegantes palacios de techos abovedados y altísimos templos —pirámides— para hablar con los dioses. Todas asentamientos de grandes reyes gobernantes y sacerdotes sabios que contaron y dividieron el tiempo, conocieron y emplearon el cero, predijeron eclipses solares y midieron las estaciones del año, edificando sus palacios según la orientación del sol.

Pero, me dije, ¿nadie ha encontrado la fecha perdida de la novena vuelta del Poxtón? ¿312 d. C.? ¿Fue esa la fecha del inicio de su decadencia?

En todas estas grandes capitales floreció el poder de los pueblos mayas, hijos de Gucumatz y Tepeu; en todas ellas los Kuhul Ajaw —señores sagrados— dirigían a sus pueblos conforme al consejo de los dioses que velaban por el cuidado de todos los seres que habitaban la selva; estos aconsejaban cuándo hacer la guerra y cuándo la paz para que el hombre no diezmara a sus hermanos: el solitario tizimin —tapir—, al temido jaguar o al venado, su alimento.

Fue grande su esplendor; en todas las ciudades se esperaba la llegada por novena vez del Poxtón, pájaro que vuelve, la llegada del noveno Balum 'nueve', Kacnan 'luceros'.

En Tikal se encuentra grabada una fecha fatal: 16 de enero del año 378 d. C.

En medio de la grandeza y del mayor esplendor de los reinos mayas, llegó a Waca, llegó del norte, K'inich B'ahlam y el soberano le dio la bienvenida. Llegó Nace el Fuego, el guerrero.

Quince días después de su llegada destruyó Tikal y conspiró contra todas las ciudades Estado mayas.

Llegó para derribar a los buenos dioses, los dioses de los Kuhul Ajaw que respetaban los frutos y cuidaban los animales de la selva —su alimento— y enseñaban cuándo hacer la guerra y cuándo la paz en la espesura de los montes.

Nada de eso sabía Nace el Fuego, el guerrero, y por eso dijo: "Solo el hombre debe permanecer. ¡Eah, pues! Quememos la selva y Tlahuac, mi dios, les dará el sustento".

Así lo dijo e incendió la jungla, dando a sus moradores un nuevo método de cultivar las tierras: tumba, roza y quema.

La nueva práctica agrícola arrasaba montes y selvas. Dejaba al descubierto al tímido tapir y sin protección al venado, lo que facilitaba su caza y la recolección de plantas en espacios más amplios.

La ceniza de los grandes árboles proporcionaba nutrientes a los nuevos espacios. Sin la sabiduría de los viejos dioses, la poca tierra fértil fue fácilmente arrastrada por las torrenciales lluvias y tanto el humus como la hojarasca se perdían en las corrientes de los ríos.

Las tierras arrasadas crearon riqueza, mucha riqueza y hubo refinamiento en las artes y las costumbres.

Por 400 años ardió la selva y al final de los cuales —año 778 d. C., aproximadamente— los pueblos mayas se hundieron en la miseria. Algunos huyeron a las tierras planas de Yucatán y ahí florecieron mezclados a la nueva cultura del altiplano, pero la abundancia no volvió jamás a la selva.

Balumkacnan —la esperada— fue planeada al final de aquellos tiempos de abundancia. Pensada conforme el dictado de los antiguos dioses, sus trazos se hicieron en cuatro dimensiones: midieron su largo, su ancho, su grosor y también planearon su tiempo, su esplendor en el cenit del cielo, mirando por dónde habría de aparecer por novena vez el lucero Poxtón.

Se consultó el cielo, se midió el paso de las estrellas, se supo el caminar del sol; nada parecía haber escapado a su líder Hun Chavín —nacido el primer día del séptimo mes de los tiempos nuevos— y dijo así: "Balumkacnan será eterna, pues yo he planeado su trazo y también su tiempo. Yo he enseñado que no para siempre se muere, que no para siempre se deja lo que se ama en el que será el nuevo tiempo, el tiempo del noveno lucero".

En cuatro dimensiones fue pensada. Así fue cómo el primer varón del séptimo tiempo, Hun Chavín, hijo de Tepeu y Gucumatz, la concibió; convocó a sus padres, a sus abuelos y a los abuelos de sus abuelos y dijo: "Bendigan esta que será mi ciudad, Balumkacnan, que prevalecerá bajo el dominio alternado de las cuatro deidades duales, según su propio ritmo. Se construirán grandes adoratorios, pirámides, el juego de pelota, la casa de los adivinos, la casa de los señores y la gran pirámide de jade".

Treinta años duró el asentamiento y el trabajo de los esforzados. Hun Chavín —ya anciano— inició la construcción de la cúspide de ámbar de la gran pirámide, adoratorio de la diosa Ixchel —la luna— y murió.

Luego de su fallecimiento se encontró grabada en la estela junto al templo consagrado a Ixchel —la luna— el signo de la muerte y una fecha: 9 baktún, 18 katún, 0 tun, 0 uinal, 0 kin, año 790 d. C. Junto a esta fecha se grabó también el glifo del pájaro Moan.

La fecha estaba 30 años adelantada a la muerte del chamán, 412 años después de la llegada de Nace el Fuego, el Guerrero, a Tikal y 650 años de la última llegada del Poxtón. Se cumplía un ciclo, por lo que el pueblo la interpretó como la fecha en que debía aparecer por novena vez el lucero que vuelve.

La gloria de la nueva ciudad estaba asegurada, Balumkacnan anunciaba en su nombre su destino: Balum 'nueve', Kacnan 'luceros'.

También se interpretó el símbolo del ave Moan: Culhem, resurrección. Nada más.

Así meditaba aquella noche de Navidad en mi solitaria estancia de Valle de Bravo, en la que, en mi recuerdo, habían concluido las palabras del hombre aquel que por largo rato había retenido mi atención junto a la boca de la cueva del Junchavín, hacía cincuenta y dos años.

No creía en brujos ni en chamanes ¿debía ahora creer en resucitados?

Temiendo la respuesta me pregunté, pregunte a mi interlocutor imaginario:

—¿Qué es un Culhem?

De mi yo más profundo surgió la respuesta en las palabras de Aurelia, mi nana, pronunciadas cuando menos cuarenta y tres años antes: "*Tá* resucitado mi niño, vos sos un Nahual, sos un Culhem".

Descifrado el principal misterio, solamente me quedaba la duda de cuál habría sido el destino del héroe fundador de Balumkacnan, ¿qué fue de Hun Chavín? En el segundo tiempo de los mayas, sobre su destino solo se puede especular, no hay un hilo conductor para conocer su historia, pero hay una leyenda que narra cómo fue la llegada de los nuevos dioses.

También persiste otro misterio por descubrir,

¿Quién era, en realidad, Francisco Vendaño Trujío, alias el Nahual, dueño y señor de la casa de Conchita Soledad, que se hizo llamar Aha Chojoté?

Ruinas de Junchavin.

La leyenda

Los Ahpu jugaban con destreza el juego de pelota, situación que molestaba a los señores de Xibalbá y por ello los mandaron hacer prisioneros, declarándolos vencidos en el juego de pelota y sacrificados con sus mazas. Colgaron las cabezas de los Ahpu en las ramas de un árbol y de la noche a la mañana siguiente el árbol había dado frutos y las cabezas habían desaparecido.

Los señores de Xibalbá prohibieron que se tocara el árbol.

Ixquic era una doncella en extremo hermosa, hija de un señor llamado Cuchumaquic. Este se había enterado de la prohibición de los señores de Xibalbá y fue a hablar con su hija:

—Hija, has de saber que hay un árbol de frutos exquisitos que le está prohibido probar a las doncellas, por lo mismo tú tienes prohibido ir a visitarlo.

Dicho esto, el padre se retiró y la doncella se quedó pensando.

—¿Por qué no he de ir a ver ese árbol que cuentan? —se dijo—. He oído hablar tanto de él, que ciertamente deben ser sabrosos sus frutos.

Sin avisar a nadie se puso en camino y llegó al pie del árbol.

—¡Ah! —exclamó—, ¿qué frutos son los que produce este árbol? ¿Me he de morir o me perderé si corto uno de estos frutos?

El árbol le habló a la doncella.

—¿Qué es lo que quieres? Estos objetos redondos a los que llamas frutos no son más que calaveras. ¿Por ventura los deseas?

—Sí, lo deseo —contestó la doncella.

Uno de los frutos le echó saliva en la palma de la mano y así fueron engendrados Ixbalanqué y Hunapú.

Después de seis meses fue advertido su embarazo por su padre, el llamado Cuchumaquic. Se reunieron en consejo los señores Hun-Camé y Vucub-Camé con Cuchumaquic, que así habló:

—Mi hija está preñada. Ha sido deshonrada...

—Está bien. Ahora oblígala a declarar la verdad y, si se niega, castígala.

Escuchando a los señores, Cuchumaquic fue a hablar con su hija.

—¿De quién es el hijo que tienes en el vientre, hija mía?

—No tengo hijo, señor padre —dijo la doncella—, aún no he conocido varón.

—Está bien —replicó Cuchumaquic—. Eres una ramera. Llévenla a sacrificar, señores Ahpop y Ahchih.

Los mensajeros se marcharon llevando en sus brazos a la joven y una jícara y el cuchillo de pedernal para sacrificarla.

—No es posible que me maten, ¡oh, mensajeros!, porque no es una deshonra lo que llevo en el vientre —suplicó la joven.

—Si no lo hacemos ¿qué le daremos a tu padre en lugar de tu corazón? ¿Qué le llevaremos en la jícara?

—Este corazón no le pertenece... tampoco puede ser sacrificado. Libérenme y ustedes vayan y recojan el producto de este árbol y eso es lo que le van a entregar a mi padre —indicó la doncella a sus captores.

Llegaron al árbol y de él brotó un líquido rojo semejante a la sangre que cayó en la jícara. Esto fue lo que le entregaron a Cuchumaquic.

La doncella Ixquic salvó la vida; sus hijos, Hunapú e Ixbalanqué, crecieron y se hicieron diestros para el juego de pelota. Los señores de Xibalbá los mandaron llamar para jugar y los hermanos se dirigieron a esa tierra.

Jugaron y vencieron a los señores Xibalbá a los cuales después sacrificaron.

Estos fueron los dioses que guiaban a Hun Chavín que después vino a mi tierra a fundar Hunab, la tierra de los hunes, "los verdaderos hombres".

Epílogo

Trozos de esta leyenda maya de la princesa Ixquic y de la llegada de los nuevos dioses conformaron mis sueños aquella noche del 24 de diciembre de 1993 en la cabaña de Valle.

Los dioses juegan con el destino de los hombres en un forcejeo por imponer sus leyes y su voluntad; indiferentes, beben sangre, copal y oraciones.

¿Qué propició la abundancia en la tupida selva para mantener a cientos de miles de esforzados vasallos?

Todos ellos suficientes para extraer la piedra, cortarla, fabricar la argamasa y erigir los grandes templos, a la vez que producían riqueza suficiente para mantenerse y mantener a la clase dominante, suficientemente ociosa como para producir los grandes descubrimientos científicos, astronómicos y matemáticos. ¿Cuál fue el prodigio que hizo de esos suelos delgados y frágiles, grandes productores de alimentos?

Lo único cierto es que la hora de su destrucción llegó en forma cruenta y que algunos autores relacionan la leyenda que anuncia el nacimiento de otros dioses con la llegada de Nace el Fuego, el Guerrero, que propició un cambio de tal magnitud que precipitó la decadencia de la cultura maya clásica.

Algo similar a lo que pasó en occidente a la caída del Imperio romano, con lo que sin duda se inició un nuevo ciclo en la historia.

Para los mayas del área mesoamericana, este continente era todo el mundo y el cuarto ciclo de su historia se había terminado. Se había puesto en el horizonte el último día de la última vuelta en la cuenta larga, otro cielo gobernaba en el universo, era el ciclo del invierno, del viento del norte, del color amarillo, del crepúsculo del sol en el que debía reinar la muerte y el pesado tributo; los años de desolación, enfermedad y guerra habían comenzado.

Rotos los cuatro colores —blanco, azul, rojo y amarillo— se apagaba la hoguera sagrada. Perdidos los cuatro rumbos del cielo y sin guía por donde transitar en el camino de las estrellas, los pueblos, de manera inútil, consultaban el ir y venir de la pelota en el juego sagrado queriendo averiguar cuál era el vaivén de los astros en el cielo, confiando su suerte y gloria en la batalla victoriosa; humillación, destrucción y muerte en la derrota; vencidas unas, victoriosas otras, contemplaron todas la gloria y la caída del mundo maya clásico. Fue el fin de la octava y última llegada del cometa, del dios Poxtón, el pájaro Moan, lucero fugaz.

También fue el fin del reinado de la pareja divina de Gucumatz y Tepeu. Se había completado su ciclo y concluido su recorrido por las cuatro esquinas del mundo. Habían llegado al fin de los cuatro rumbos, de los cuatro vientos, de los cuatro colores del universo, ya no había camino, todo se había consumado.

¿Adónde iría el pueblo, adónde los abuelos, adónde las madres, adónde los retoños?

No impunes y no sin muerte habían de llegar los nuevos señores Ixbalanqué y Hunapú. Hubo muerte y destrucción; los caminos que antes unían a las ciudades ahora se poblaban de lanzas y atabales; los mancebos de unas ciudades mataban a los guerreros de las otras.

Matar y morir era el oficio; las doncellas inútilmente tejían sus huipiles, sus vestidos de grecas y flores.

En el mundo maya reinaba sin oponente Ical'Ahau —el dios negro de la guerra—.

Gucumatz y Tepeu sabían desde el centro de su corazón que era cierta su derrota. En la cúpula del poder las dos deidades supremas se reemplazarían mutuamente siguiendo el orden inexorable de los cuatro rumbos del universo.

Ellos lo sabían y llevaban su queja, con incienso de copal, a la madre luna, a la casa de Na'Bolom —el jaguar—, por los años en los que los hombres morían y en que las mujeres no parieron; ellas de manera inútil y desesperada ofrecían su vientre cerrado a la simiente.

Gucumatz y Tepeu lo sabían y permanecían callados, había tristeza en su corazón, no había futuro para el primero de sus hijos, el más querido, el primer varón del séptimo tiempo, Hun Chavín. No habría gente en Balumkacnan, no habría pueblo, estaban muertos los súbditos, los esforzados, no había gente. Llegó al final de la cuarta vuelta de la cuenta larga, llegó al final y nunca apareció el noveno lucero y el pueblo de los mayas languidece, muere...

En lo profundo de las selvas, las ciudades Estado del maya clásico tardío, antes unidas por caminos francos, comenzaron la guerra, la destrucción, el caos...

Las ciudades que nacidas juntas y hermanadas por creencias y cultura similares, como por obra de encantamiento se miraron enemigas; sus pirámides, sus juegos de pelota y sus lugares sagrados dejaron de ser el lugar común de encuentro con sus dioses, se perdió el rumbo del camino de las estrellas. Una de estas ciudades fue Balumkacnan.

Del otro lado del mundo, en los países que formaron el Imperio romano de oriente y de occidente —entonces para ellos también todo el mundo conocido— se inició un periodo de destrucción, de guerra, oscurantismo y muerte.

Al final de este periodo, ambos mundo habrían de encontrase irremisiblemente unidos, la historia finalmente llegaría a ser universal.

Anoto aquí esta triste reflexión a sabiendas de que dentro de mí hay un presagio y no será la última en el camino que he de seguir para encontrar la historia de la segunda fundación de mi pueblo, siendo las 11:56 a. m. del 24 de diciembre de 1993.

Fin del relato de la
Falsa crónica de la fundación de Balumkanan

Semblanza

Hablar de Luis Armando Armendáriz Ruiz es narrar una historia de generosidad, integridad, voluntad y sobre todo, amor. El autor es un apasionado de la justicia, el trabajo, la verdad y la integridad. *El nahual* es también una historia de pasión por la vida y por cada uno de los detalles que la componen.

Amigo, patriarca, esposo, guía, jurista, ejemplo de vida y escritor, son tan solo algunos de los adjetivos que describen a Armendáriz Ruiz y aun así, las palabras no son suficientes para hablar de quien, en los primeros años de su juventud, se inició sembrando el campo y hoy continúa con esta tarea a través de las letras.

El autor, nacido en Comitán, en el estado de Chiapas, la tierra del jaguar, el 6 de mayo de 1934, realizó sus estudios primarios y secundarios en la entidad chiapaneca, para después trasladarse a la ciudad de México, donde cursó la preparatoria, para posteriormente obtener la licenciatura en Derecho en la Universidad Nacional Autónoma de México.

En el desarrollo de su actividad profesional ha desempeñado diversos cargos: tercer secretario del Servicio Exterior Mexicano en la Secretaría de Relaciones Exteriores, asesor y primer procurador fiscal en el estado de México, subprocurador y procurador fiscal en el entonces Departamento del Distrito Federal y de 1982 a 1983, secretario de Finanzas del estado de Chiapas. Con estos últimos cargos colaboró en la reestructuración del sistema fiscal nacional vigente.

En 1975, el profesor Carlos Hank González le otorga el fíat del que sería su trabajo desde entonces y hasta la fecha: la notaría número 60 del estado de México, actividad en la que ha recibido múltiples reconocimientos.

A través de su obra se puede decir que Luis Armando Armendáriz Ruiz rebasa las épocas, las contempla, rescata y transforma el pasado.

CALENDARIO MAYA

Tomado de www.calendariomaya.com.mx

Ciclo Sagrado Tzolkin

Usado en toda Mesoamérica para controlar la realización de fiestas y rituales consiste de 20 meses de 13 días está en uso hoy en día por chamanes.

20 Meses

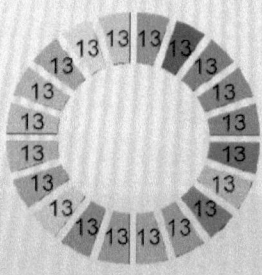

Ciclo Solar o Haab

Representa el ciclo anual de estaciones es el año vago (sin bisiestos) de 365 días, el ciclo es 18 meses de 20 días mas un mes "muerto" de 5 días

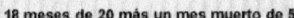

18 meses de 20 más un mes muerto de 5

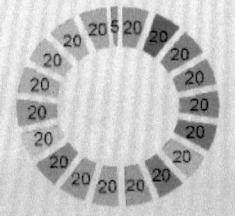

Ciclo de 52 años o siglo Maya

Tabla de signos para los días del Tzolkin

Es la combinación secuencial del ciclo tzolkin con el ciclo haab

El Ciclo Tzolkin, al combinarse de forma completa con el Ciclo Haab, conforman el período de 18,980 días (52 años) conocido como una Era Maya o bien la Rueda Calendárica.

Tzolkin			Haab
Imix	Agua		1
Ik	Aire, Vida		2
Akbal	Noche		3
Kan	Maíz, Iguana		4
Chicchan	Serpiente		5
Cimi	Muerte		6
Manik	Venado		7
Lamat	Conejo		8
Muluc	Lluvia		9
Oc	Perro, Río		10
Chuen	Mono		11
Eb	Arbusto		12
Ben	Caña		13
Ix	Tigre, Mago		1
Men	Águila, Sabio		2

Se repite el ciclo de 13 días Haab

La rueda calendárica de 52 años

La Rueda Calendárica, o Hunab en maya, es el período de tiempo básico para la cronología maya. A partir de este se determinaba la posición de cada día, o se ubicaba el paso del tiempo desde del inicio de la era actual. Era usada también por los Aztecas, que la conocían con el nombre náhuatl de xiuhmolpilli.

La Rueda Calendárica se forma combinando de forma completa los ciclos Tzolkin y Haab, de 260 y 365 días respectivamente. Esta combinación nos da un total de 18,980 días, o bien 52 años de 365 días completos. Cada ciclo de 52 años (o "siglo" mesoamericano) está compuesto de 4 períodos de 13 años.

De esta forma, existe una combinación específica de Tzolkin y el Haab, con su numeración correspondiente, para cada día del ciclo de 52 años.

La rueda calendárica de 52 años

- El Sistema de "Cargadores del Año"
- Cada uno de los 4 períodos de 13 años del ciclo de 52 (Rueda) empezaba con un día distinto del Tzolkin. De forma análoga, cada uinal o mes durante los trece años empezaba con el mismo día del Tzolkin.
- Entonces, de los veinte días totales del Tzolkin, cuatro eran invariablemente los días iniciales, separados entre si por 4 días. A estos 4 días se les denomina los "Cargadores del Año". El cargador tiene un significado ritual especial, y se le asocia con un punto cardinal, su color y dios correspondiente.
- Hay varios sistemas de cargadores, utilizados en diferentes regiones mayas. El más usual es el de Tikal, que son los días Ik, Manik, Eb y Caban.

La rueda calendárica de 52 años

Cuatro periodos de 13 años

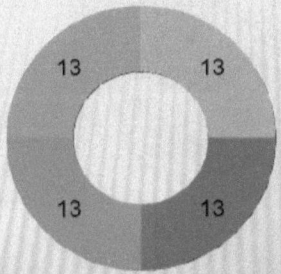

Los cinco días infaustos no aparecen en el ciclo de 52 años, sino en el ciclo anual de 18 meses de 20 días (ciclo solar o haab)

Casacada de Ochusjob o el Chiflón.

Iglesia Mayor de Santo Domingo en Comitán de Domínguez, Chiapas.

Exconvento de Santo Domingo, actualmente
Centro Cultural Rosario Castellanos, Comitán Chiapas.

Teatro de la ciudad de Comitán Chiapas.

El autor en la entrada a la cueva de Tío Ticho como se ecuentra en la actualidad.

Parque Nacional Lagunas de Montebello, Comitán Chiapas al
fondo se encuentra San Lorenzo, la primera cabaña.

Vista de los hermosos techos de las viviendas en Comitán Chiapas.

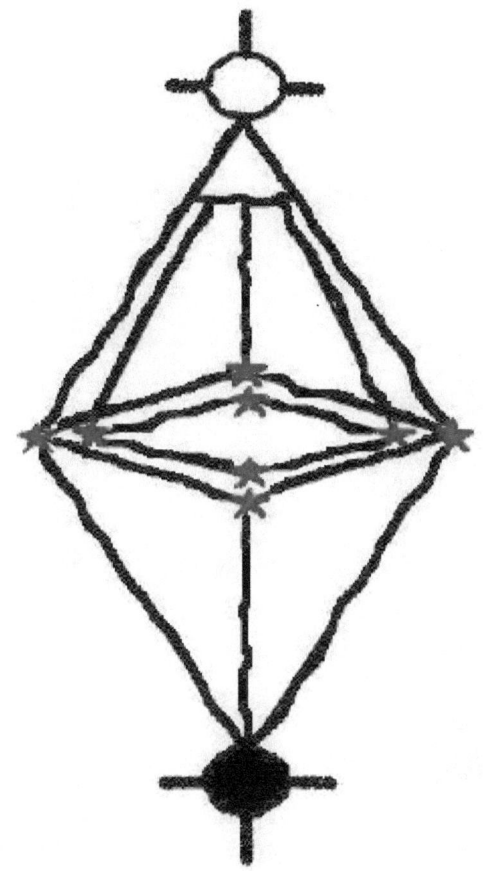

Símbolo encontrado en el manuscrito de Pedro.

Café ubicado al lado de la iglesia de San Caralampio, Comitán Chiapas.

Zona Arqueológica Chinkultic en Chiapas, México.

Índice

El Nahual
quedó totalmente impreso y
encuadernado en noviembre de 2014.
La labor se realizó en los talleres de
Aqua Ediciones, S.A de C.V.